GARCIA MORENO

je vaincrai toutes leurs entreprises

M. T. JOSEFA

GARCIA MORENO

PRÉSIDENT
DE
LA RÉPUBLIQUE
DE L'ÉQUATEUR

Illustrations par BARENTIN

ÉDITIONS
SPES

GARCIA MORENO

I

L'EQUATEUR

Qu'est-ce que l'Equateur?

A cette question, les écoliers studieux lèveront les épaules, heureux s'ils ne sont pas vexés d'avoir à résoudre un problème aussi facile.

Ceux de la classe supérieure voudront peut-être faire les savants et me diront d'un air suffisant que l'Equateur est un cercle imaginaire, qui s'étend sur la surface du globe, et dont tous les points sont à égale distance des pôles, c'est-à-dire des deux extrémités de notre sphère terrestre.

Pour être plus explicites, ils me donneront même un exemple:

Supposez une pomme, diront-ils. Touchez la tête et la queue; vous tenez les deux pôles. Tenez la pomme verticalement. Passez votre couteau horizontalement dans le milieu du fruit, de façon à le diviser en deux parties égales ; la lame représentera à merveille la ligne de l'Equateur.

Si la réponse n'est pas formulée en termes très scientifiques, il faut reconnaître son exactitude, en ajoutant toutefois qu'elle pourrait être plus complète.

L'Equateur, devraient-ils dire encore, forme le plus petit des États de l'Amérique du Sud situés sous la ligne ou sous la lame de couteau. Cette république, découverte et conquise avec tout le continent américain par Christophe Colomb, demeura jusqu'à la fin du siècle dernier sous la domination du roi d'Espagne.

En envahissant le sud de l'Amérique, les Espagnols apportaient à cette terre nouvelle, avec les bienfaits de la civilisation, le bien mille fois plus précieux de la foi catholique. Les annexés à la *mère-patrie* — c'est ainsi que les indigènes désignèrent bientôt la péninsule qui les avait conquis; — demeurèrent pendant deux siècles les fidèles sujets de ceux qui étaient venus dans les colonies plutôt en missionnaires qu'en conquérants.

La Compagnie de Jésus fondée par saint Ignace de Loyola, fils de la catholique Espagne, avait trouvé dans l'Amérique du Sud un vaste champ pour son zèle. Des Indiens à convertir, des païens à instruire, des enfants à élever et à catéchiser ; c'était là une ample moisson d'âmes pour ses ambitions apostoliques. Plus d'une centaine de collèges, dirigés par deux mille cinq cents Jésuites, avaient fait de ces Américains un peuple civilisé, profondément chrétien, qui serait resté peut-être à jamais attaché à la mère-patrie, sans les exemples d'indépendance donnés à ces Etats par les peuples du Nord que l'Angleterre avait subjugués.

Vers la fin du dix-huitième siècle, les colonies anglaises avaient secoué le joug de la Grande Bretagne pour s'organiser en république. Charles III, alors roi d'Espagne, assez peu soucieux des résultats de sa politique, avait aidé les Etats-Unis à se débarrasser des Anglais. Le Sud pensa, non sans quelque raison, qu'il lui serait agréable d'en finir avec les Espagnols.

En Europe, Napoléon Iᵉʳ, étendant partout ses conquêtes, avait détrôné Ferdinand VII et installé, à la place du monarque dépossédé, son propre frère à Madrid. Le moment pour les colonies était on ne

peut plus favorable. La révolution fut son œuvre
et, en moins d'un quart de siècle, après avoir re-
foulé pied à pied l'armée espagnole, le Sud, sous la
conduite de Bolivar, le *Libérateur* comme on l'appelait, s'était affranchi du joug de l'Espagne, avait
proclamé son indépendance et, par fractions plus
ou moins considérables, s'était constitué en petits
États, maîtres de leur destinée.

La plus petite de ces Républiques fut celle de
l'Equateur. Petite, relativement aux immensités
qu'offre le Nouveau-Monde, car elle présente une
superficie de quatre-vingt-cinq mille kilomètres
carrés ; presque l'étendue de notre beau pays de
France.

Le grand océan baigne ce pays du soleil sur une
longueur de deux cents lieues. Cette partie de
l'Equateur, que nous appellerons *la plaine*, arrosée
par des torrents et des rivières, produit presque sans
travail, grâce à la fécondité de son sol, les arbres
les plus précieux et les plantes les plus variées. Le
cèdre, l'acajou, le sucre, le café, le coton, le poivre,
le cacao, la figue, l'orange et les dattes encombrent
le port de Guayaquil, ville charmante, une des
principales de la République, qui justifie si heureusement son surnom de « Perle du Pacifique ».

On s'y rendait à pied, à cheval ou à dos de mulet,... (Page 13.)

Deux lignes parallèles de montagnes gigantes-
ques, les Cordillères des Andes, traversent le pays
dans toute sa longueur. Entre cette double chaîne
se trouve le *plateau*, magnifique oasis à trois mille
mètres au-dessus du niveau de la mer, semée de
villes et de villages où le peuple équatorien a fixé
sa tente de préférence, de sorte que la plus grande
partie de la population habite sur ces hauteurs dont
Quito est la capitale ; et, derrière les rochers et
les précipices situés sur le versant de la seconde
chaîne des Cordillères, se trouve la troisième partie
du pays, le *Napo*, qu'on pourrait appeler *la solitude*,
habitée seulement, comme elle l'est, par de pauvres
Indiens perdus dans les bois, vivant du produit de
leur chasse et de leur pêche, ou des fruits qu'un
soleil bienfaisant fait mûrir pendant toute l'année
dans cette contrée privilégiée du Sud, qui jouit d'un
printemps éternel.

Les deux villes principales de ce pays enchan-
teur sont donc Quito et Guayaquil. Quito, capitale
du plateau, Guayaquil, capitale de la plaine. Cette
dernière ville, sur le fleuve *Guayas*, est le port important de l'Equateur. Sa situation en a fait surtout une cité commerciale. C'est à Guayaquil que
les vaisseaux européens abordent l'Amérique du

Sud. C'est la nouvelle Marseille du Nouveau
Monde, l'entrepôt du négoce des deux continents;
tandis que, sur le plateau, Quito, siège du gouvernement et de la civilisation équatorienne,
domine le pays par son importance, le nombre
de ses habitants et sa situation géographique.
Cette cité occupe le milieu entre la plaine floris-
sante, « *la perle* » comme on la nomme, et les forêts
vierges, les déserts du *Napo* qui, par des sentiers
à peu près inaccessibles, conduisent dans les terres
encore inexplorées du Brésil.

Quoique soumis pendant deux siècles à un
peuple européen, il ne faut pourtant pas se figurer
le pays dont nous parlons, comme pourvu de
tous les avantages d'une civilisation avancée. Il
y a quelque trente ans, le voyageur qui s'égarait
d'aventure dans cette contrée enchanteresse, devait y conquérir de haute lutte les émotions du
touriste. L'accès des villes et des villages, des
haciendas ou vastes fermes qui renferment parfois
jusqu'à quarante mille têtes de bétail et embrassent
un terrain proportionné au nombre de ces rumi-
nants, les points de vue remarquables; tout était
matière à conquêtes.

Partout des sentiers perdus, bordés de précipices

affreux, hérissés de quartiers de roche que les siècles avaient entassés pour garder les villes de la République contre toute tentative d'invasion. La nature avait mieux fortifié le pays que les plus habiles ingénieurs.

Non seulement l'Equateur ne connaissait pas les chemins de fer, ce qui eût été le *nec plus ultra* des moyens de locomotion, mais il ignorait même les diligences, ces modestes et commodes véhicules que notre vieille Europe a mis au rebut comme des antiquités sans valeur ; car un coche requiert une grand'route et l'Equateur n'avait pas de routes. Aller de Guayaquil à Quito était une excursion d'alpinistes, quelque chose comme l'ascension de la dent de Jaman ou du Mont Blanc. On s'y rendait à pied, à cheval ou à dos de mulet, muni d'un bon guide et d'un sac de provisions. On priait la Madone pour le courageux voyageur assez osé pour gravir la première chaîne des Cordillères, et, lorsqu'après des semaines de marche et d'aventures, le messager de Quito, au prix des mêmes fatigues, rapportait la nouvelle de l'heureuse arrivée de l'imprudent, on remerciait le Ciel avec toute l'expansion d'une dévotion espagnole et chrétienne.

Si les rapports entre les deux villes étaient aussi

difficiles, on ne s'étonnera pas si, bien souvent, les esprits étaient divisés. Quito, souveraine du pays, commandait et c'était son droit. Guayaquil, un peu jalouse de la capitale, obéissait fort mal. Du temps de la domination espagnole, les deux cités, soumises toutes deux à la catholique Espagne, vivaient sur le pied d'une égalité absolue. L'indépendance une fois proclamée, Quito s'était élevée au-dessus de sa rivale. De là, un levain de révolte qui fermentait sans cesse dans le sein de la « Perle du Pacifique ». C'était l'hydre aux cent têtes qu'on ne réussissait pas à couper. La révolution avait choisi pour gîte ce superbe port de mer que le gouvernement de Quito ne parvenait pas à réduire à l'obéissance. Refoulée sur un point, elle montrait sans cesse sur un autre un bout d'oreille accusateur. Guayaquil était l'enfant terrible de la République de l'Equateur et, pour tenir en respect le bambin révolté, il a fallu le courage, l'énergie, le savoir-faire universel ; disons le mot, le génie d'un héros, de Garcia Moreno, dont nous avons entrepris de raconter l'histoire.

Ce long exposé, cette description minutieuse étaient nécessaires à l'intelligence du récit.

II

NAISSANCE ET ENFANCE DE GARCIA MORENO — UN ÉCOLIER TRAVAILLEUR

LA conquête des colonies avait été pour le commerce espagnol le point de départ d'une ère nouvelle. Les produits de ces riches contrées, objets d'un échange actif entre l'Europe et l'Amérique, avaient provoqué une émigration qui colonisait le Nouveau Monde et enrichissait la mère-patrie.

Dans le courant de l'année 1793, pendant la période aiguë de la Révolution française qui avait eu son contre-coup dans toutes les contrées de l'Europe et entravé un peu partout la prospérité commerciale, un noble castillan, don Pedro Garcia Gomez, entreprit d'aller tenter la fortune en Amérique.

Il était né à Villaverde, avait fait de brillantes études à l'Université de Cadix et, au lieu d'embrasser une carrière libérale que ses études et les traditions de sa famille semblaient lui tracer, tenté peut-être par l'heureux succès de plus d'un compatriote, il résolut de demander au négoce l'indépendance et la richesse.

Garcia Gomez, possesseur d'une cargaison de marchandises européennes, ne pouvait être embarrassé du choix de son séjour. Comme tous les riches marchands espagnols, il vint après une heureuse traversée s'établir à Guayaquil, où l'heureux succès de son entreprise en fit bientôt un des hommes importants et considérés du commerce équatorien.

La richesse, le nom de ses ancêtres, l'étendue de ses transactions, permettaient à Garcia Gomez de prétendre aux plus hautes alliances.

Il avait remarqué la fille d'un des membres influents de la municipalité de Guayaquil, la senora Mercédès Moreno, dont la parenté occupait dans l'Eglise et dans l'Etat des postes honorifiques. Un archidiacre de Lima et un archevêque de Tolède portaient le nom de Moreno. De plus, la famille Moreno, attachée de cœur à l'Espagne, avait lutté contre la révolution qui avait proclamé l'indépendance. La jeune fille était riche. Elle était douée de bonté, de beauté et de jeunesse. Il n'en fallait pas tant pour incliner vers elle le cœur de Garcia Gomez. Il la demanda en mariage, l'obtint, et aurait fondé à Guayaquil la famille la plus heureuse du pays, si des revers de fortune successifs ne fussent venus assombrir, au bout de quelques années, le bonheur des deux époux.

Dieu avait béni leur union. Il leur avait donné huit enfants : cinq garçons et trois filles. Les aînés, élevés au temps de la prospérité de la famille, souffrirent peu de la gêne et des embarras d'argent que les révolutions fréquentes de la cité finirent par amener dans le ménage de Garcia Gomez. L'aîné de tous avait embrassé la carrière ecclésiastique, mission de dévouement, d'honneur et de sacrifices qui n'a jamais enrichi personne et ne lui permettait pas de venir en aide aux membres de sa famille. Les autres rétablirent plus tard la fortune de leur père et rendirent à l'Equateur des services éminents; mais le plus jeune, le petit Gabriel Garcia Moreno, né le 24 décembre 1841, sentit peser sur lui de bonne heure le poids de la pauvreté, de la gêne qui accablait ses parents; pauvreté qui devint bientôt complète par suite du décès de Garcia Gomez, du chef de famille qui réunissait par un travail assidu les épaves sauvées du naufrage de sa brilllante fortune.

Pour le cadet des Moreno, cette mort était un désastre. Elle privait l'enfant de son soutien et de cette éducation paternelle que rien ne saurait remplacer.

Tout jeune encore, le petit Gabriel devait subir l'impression de la direction à la fois ferme et douce que son père lui donnait.

L'influence de l'éducation est toute-puissante pour le bien. On ne vient pas en ce monde avec des qualités qui se développent ou croissent toutes seules, et des défauts assez invétérés pour empêcher une volonté énergique de les faire disparaître.

Le croirait-on! Gabriel Garcia Moreno, que son intrépidité et son courage devaient signaler plus tard à l'admiration de ses concitoyens, était d'un naturel peureux. Etait-ce la suite de son caractère timide, ou des contes effrayants que quelques personnes imprudentes avaient pu lui faire dans son enfance? L'histoire ne le dit pas, mais elle dit que le petit Gabriel semblait avoir peur de tout. Il avait peur du vent, il avait peur de la nuit, il avait peur de son ombre et, par-dessus tout, peur des morts.

Son père, que cette poltronnerie mécontentait, entreprit de le corriger. Un jour d'orage, il l'enferma sur le balcon de leur habitation, pour l'habituer aux éclairs et aux coups de tonnerre; et un autre jour, qu'un cadavre exposé entre quatre cierges épouvantait sans raison le pauvre Gabriel qui eut dans le cours de sa vie tourmentée à redouter beaucoup moins les morts que les vivants, don Gomez obligea son fils à aller seul, au milieu de la nuit, allumer sa bougie aux flambeaux mortuaires. L'épreuve fut suffisante. Reconnaissant la niaiserie de ses appréhensions, Gabriel était guéri de la maladie de la peur, et il reconnut mille fois dans la suite quel service lui avait rendu son clairvoyant précepteur.

En lui retirant son père, le bon Dieu, heureusement! ne lui avait pas tout enlevé. La senora Mercédès Moreno était digne en tout point de succéder à son mari dans la formation de l'âme de son fils. Les vrais grands hommes, ceux qui ont, unis au génie, la tendresse du cœur et les sentiments de l'honneur chrétien, ont été élevés presque tous sur les genoux d'une mère courageuse et aimante. Ce secours ne faillit pas à l'enfant. Il répondit aux soins, à la sollicitude de sa mère; il s'attacha à elle

avec passion et plus tard, se souvenant de sa jeunesse, de sa ville natale, de cette cité remuante et
bruyante, jardin de l'Equateur où fleurissaient avec
la même profusion les fleurs, les fruits et les révolutions, il disait en souriant avec autant de malice que
d'attendrissement : « A Guayaquil, je ne connais
que deux bonnes choses : ma mère et… la ba-
nane. »

Cette mère qu'il aimait tant s'attacha surtout à
faire de son fils un chrétien. Elle désirait aussi en
faire un savant, un homme élevé selon son rang et
sa condition sociale. Malheureusement la pauvreté
de la noble femme mettait obstacle à ses beaux
projets.

Comment payer pour le petit Gabriel des maîtres,
des leçons coûteuses, alors que toute l'industrie de
la pauvre femme réalisait si difficilement le problème de la vie matérielle de chaque jour? Avant
les leçons, il fallait du pain. L'intelligence active
et curieuse du petit garçon souffrait déjà de la pri-
vation de l'étude, lorsque Dieu vint en aide à la
veuve par l'intermédiaire d'un bon religieux qui
habitait le couvent de Notre-Dame de la Merci, dans
le voisinage de la demeure de la señora Mercédès.
Frappé sans doute de la physionomie candide et

éveillée du petit Gabriel, le bon Père s'offrit spontanément à lui donner des leçons de latin.

A l'encontre des écoliers paresseux qui boudent la grammaire et les professeurs, l'enfant sauta de joie à cette proposition. Il avait si souvent envié les petits garçons plus fortunés que lui, qui passaient dans la rue avec des allures d'étudiant et des livres sous le bras! Les livres? C'était là une des passions de Gabriel. Le Père Bétoucourt n'eut pas à se repentir de sa générosité, car il fut bientôt stupéfait des progrès de son élève.

Il est vrai d'ajouter que Gabriel était remarquablement doué, ce qui facilitait sa tâche. A la première explication, Gabriel Garcia Moreno comprenait son professeur et sa mémoire extraordinaire n'oubliait rien de ce qu'il avait appris. Une si belle intelligence était certainement un don du ciel; mais, loin de se prévaloir de cette excessive facilité, l'enfant se servait du grand moyen pour parvenir à son but. Il travaillait, travaillait encore, travaillait toujours. Il semblait avoir compris d'instinct que le succès est rarement le résultat d'une imagination vive, d'une intelligence ouverte ou d'une mémoire heureuse, mais bien la légitime récompense d'un travail assidu, régulier et sérieux.

La belle et riche plaine maritime de Guayaquil aurait pu lui servir d'exemple. Le pays était fécond, grâce à la chaleur du climat et à l'humidité du sol, mais encore fallait-il répandre la semence sur cette terre privilégiée pour jouir des abondantes récoltes qui enrichissaient les colons.

Ainsi, par un travail suivi, Garcia Moreno répandait à profusion la semence dans son esprit bien préparé. Jusqu'à quinze ans, le Père Bétoucourt fut son unique professeur, mais, à cet âge, l'élève commençait à embarrasser le maître. Garcia Moreno était en état de s'initier aux études universitaires qui dépassaient les forces sinon le zèle de son dévoué maître de latin.

Le problème de cette éducation libérale se posait à nouveau devant la pauvre veuve avec toutes ses embarrassantes conséquences. Guayaquil n'avait pas de collège où l'enseignement fût complet. Il fallait partir pour Quito et, malgré les périls du voyage, ce n'était pas là le plus difficile. Où trouver de quoi payer l'entretien de son fils dans la capitale?... La Providence veillait sur le laborieux écolier et ce fut encore le Père Bétoucourt qu'elle choisit pour mandataire.

Le bon Père avait sur le plateau deux Sœurs

d'une charité plus grande que leur fortune, qui acceptèrent le patronage d'un étudiant si bien recommandé. Gabriel devait trouver chez elles le vivre et le couvert, ce qui lui permettrait de suivre sans souci les cours de l'Université.

Mais pour cela il fallait quitter Guayaquil et dona Mercédès. La séparation fut dure à la mère et au fils; mais tous deux avaient appris d'expérience que, sans peine et sans sacrifices, on n'arrive à rien en ce monde. Or, la veuve de Garcia Gomez voulait faire de son fils un homme et un chrétien. L'adolescent élevé dans ces principes accepta avec courage un départ qui s'imposait. Puis, comme nous le connaissons, nous pouvons supposer qu'il souffrit moins que sa pauvre mère. Ceux qui s'en vont n'ont pas comme ceux qui restent le loisir de s'appesantir sur leur peine. L'enfant avait pour lui l'enthousiasme de la jeunesse, l'attrait de la nouveauté, le charme d'un voyage lointain et difficile. Les périlleux sentiers des Andes, les difficultés des chemins, les dangers de l'ascension des Cordillères étaient une amorce de plus pour cet écolier de quinze ans, curieux de science et d'aventures, qui ne connaissait encore du monde que la souriante Guayaquil, « la perle du Pacifique ».

Ce fut d'un cœur léger qu'il se joignit à une troupe de muletiers, grands et solides gaillards, accoutumés aux courses de montagnes, auxquels sa mère l'avait confié pour le conduire à Quito.

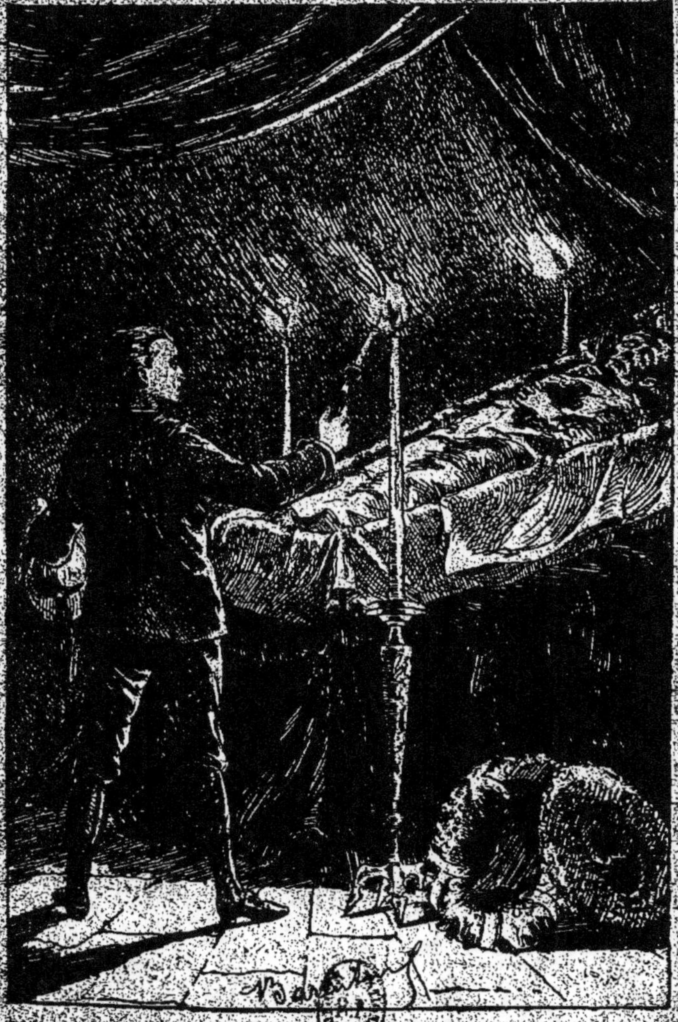

... Don Gomès obligea son fils à aller seul, au milieu de la nuit, allumer sa bougie... (Page 19.)

III

UN SURVEILLANT DE QUINZE ANS A L'UNIVERSITÉ DE QUITO

EN voyant arriver en 1836 à l'Université de Quito un grand garçon de quinze ans, fort, bien découplé, à la figure régulière et expressive, aux yeux noirs dont la flamme ardente indiquait une décision et une énergie peu communes, les professeurs et les élèves eussent été bien étonnés d'apprendre que ce hardi collégien avait été jadis un petit bonhomme timide et craintif, qui voyait des spectres partout et que le vent ou l'orage faisait pâlir et trembler.

Des terreurs de son enfance, il n'y avait plus vestiges. Garcia Moreno avait même si bien vaincu cette disposition maladive que, frappés sans doute d'une fermeté qui était le trait distinctif de ce caractère si bien trempé, les professeurs lui confièrent, peu après son arrivée, la surveillance des élèves.

De vastes galeries appelées *transitos* servaient de promenoirs aux étudiants, qui y préparaient leurs leçons avant les heures de classe.

Pour quiconque connaît la vie de collège, il n'est pas nécessaire de dire que tous les collégiens ne sont pas également studieux et appliqués. Quoique portant le nom d'Université, l'établissement où étudiait Garcia Moreno n'était encore qu'un grand lycée où l'on n'abordait pas les études spéciales. Il y avait donc là un personnel de trois cents élèves, de douze à dix-huit ans, assez difficiles à gouverner. Ce n'étaient plus des enfants, ce n'étaient pas encore des hommes. C'est l'âge ingrat par excellence que celui de ces jeunes gens malins, moqueurs, étourdis et indisciplinés, qui déconcertent souvent et trompent les yeux les plus clairvoyants. Et c'étaient des écoliers de cette espèce qu'un surveillant de quinze ans devait tenir en respect.

Ils virent bientôt à qui ils avaient affaire et ne se mirent pas souvent en révolte contre ce juge d'un nouveau genre. Gabriel Garcia n'entendait pas jouer le rôle du souffre-douleur connu de tous nos lycées de France et de Navarre. La fermeté était pour ainsi dire le trait dominant de son caractère. Son esprit juste, droit et pratique avait en horreur tout ce qui ressemblait à un désordre quelconque. Or, quel plus grand désordre que de voir un surveillant dominé par ses surveillés? Moreno avait de bonne heure l'intuition, le génie du commandement. Tout collégien qu'il était, il comprit que la moindre marque de faiblesse ruinerait son autorité et, fier de son poste d'honneur et de la confiance de ses maîtres, sans craindre les petites vengeances de condisciples mécontents, il justifia dès le premier jour le choix que ses professeurs avaient fait de lui.

Les farces d'écolier, la paresse, le bavardage imtempestif, en un mot la moindre infraction au règlement étaient immédiatement dénoncés à l'autorité supérieure qui réprimait tout uniment le désordre, selon le conseil des Saintes Ecritures, au moyen de la verge que les parents d'Europe n'emploient peut-être plus assez. Dans les collèges de la libre Amérique, sans faire tant de façons, on avait la coutume de fouetter tout vulgairement les délinquants. Lorsqu'on fut bien persuadé que le jeune surveillant ne plaisantait pas, les plus insubordonnés se soumirent. Les premières semaines peut-être, Gabriel ne fut pas aimé d'amour tendre par les *fouet-*

tés, moins à cheval sur la règle que le nouveau venu, mais on avait reconnu en lui un *caractère*, et c'est là une supériorité qui impose toujours à la foule. Puis, lorsqu'on vit que le rigide surveillant était en même temps un généreux et joyeux compagnon, l'affection succéda à l'estime. Bientôt, Garcia Moreno compta parmi ses amis les enfants des meilleures familles de la ville de Quito.

L'année suivante, il quitta le collège pour entrer à l'Université proprement dite, qui distribuait la science supérieure au collège de San-Fernando.

Le brillant élève avait demandé et obtenu une bourse du Gouvernement pour continuer ses études. Elle lui fut accordée, à condition d'enseigner la grammaire tout en apprenant la philosophie. Cette disposition soulageait les inquiétudes financières de dona Mercédès et assurait pour quelques années l'avenir de son fils ; mais ce résultat était obtenu au prix de quels labeurs et de quels efforts !

Heureusement le travail n'était pas une peine, mais un délice pour le studieux jeune homme, car la tâche entreprise par lui semblait au-dessus des forces humaines. Il étudiait le jour, il étudiait la nuit et, pour ne pas prolonger le repos qu'il était forcé de prendre, il se couchait le plus souvent tout habillé pour reprendre, dès trois heures du matin, son travail interrompu. C'était chez lui plus qu'une passion de savoir, c'était un excès. Sa santé se ressentit souvent d'un surmenage intellectuel qui dépassait certainement les bornes de la prudence.

Car ce n'était pas seulement *une* science qui sollicitait l'active curiosité de cet infatigable chercheur, c'était *la* science ou plutôt toutes les sciences. Garcia voulait tout savoir, tout creuser, tout approfondir. Chaque branche de l'enseignement était étudiée par lui comme une spécialité : les mathématiques, la chimie, la philosophie, l'histoire, la littérature, les langues ; il menait tout de front comme un attelage à grandes guides. Il saisissait tout, comprenait tout, voulait tout connaître et tout lui réussissait.

Mais en dehors de ces études, le monde n'existait pas pour lui. Il n'avait rien de commun avec ce type rencontré partout de l'étudiant amateur de nos grandes villes, qui se rend à son cours pour la forme, prend ses inscriptions, feuillette paresseusement quelques brochures nouvelles et passe au théâtre, au concert et au café les plus belles heures de sa vie. Moreno ne s'accordait jamais ni repos, ni vacances, ni congé ni relâche. Il vivait comme un reclus vis-à-vis de ses livres. Aussi tous ceux qui le connaissaient pouvaient affirmer, sans crainte de se tromper, qu'un ouvrier de cette trempe parviendrait dans toutes les positions à tenir le premier rang.

Les professeurs eux-mêmes en vinrent à reconnaître sa supériorité.

Un jour, dans un examen public, un problème de mathématiques très ardu tenait en silence depuis un bon moment tous les élèves interrogés. Un des maîtres, sûr de son affaire, s'avance auprès du tableau noir et, un morceau de craie d'une main, une règle de l'autre, commence à haute voix l'explication du problème.

Tout à coup, une interruption vibrante, partie du fond de la salle, fait rougir l'examinateur : « Le professeur se trompe ! — Monsieur, je ne me trompe nullement, répliqua vivement l'interpellé. — Pardon, monsieur, vous vous trompez et je vais vous le prouver. » Là-dessus, Garcia Moreno, — car l'interrupteur, c'était lui — aux applaudissements de toute la salle, se lève, résout le problème et parfait la démonstration.

La curiosité scientifique du jeune homme ne le faisait pas reculer devant les entreprises les plus périlleuses.

Accompagnés d'un Indien, les deux audacieux arrivèrent après milla
détours... (Page 35.)

L'Equateur est le pays des tremblements de terre et des éruptions volcaniques. Des montagnes vomissant de la lave, du feu, du soufre et de la fumée menacent sans cesse ce beau pays. Le *Cayambe*, le *Gotopaxi*, le *Sangaï*, le *Pichinchat* ont jeté souvent dans les cités qu'ils avoisinent la désolation et la ruine.

Garcia Moreno tenta un jour avec un savant, intrépide comme lui, le docteur Wyse, une aventureuse expédition. Il voulut explorer l'intérieur du Pichinchat. Accompagnés d'un Indien, les deux audacieux arrivèrent après mille détours et mille fatigues en face du cratère, à quatre mille cinq cents mètres de hauteur.

Vis-à-vis de ce trou béant, presque toujours dans l'obscurité, car le soleil ne pénètre dans l'abîme que cinq ou six heures par jour, au milieu d'un bruit souterrain infernal produit par des soupiraux ou cheminées qui vomissent une fumée épaisse et font entendre des sifflements semblables à ceux qui s'échappent d'une immense machine à vapeur; il y avait de quoi faire reculer la curiosité la plus intrépide. Rien n'arrête Gabriel Moreno. Il s'enfonce dans le trou avec son compagnon et leur guide. Ils descendent, descendent toujours, jusqu'à une profondeur de quatre cent quinze mètres.

Cette descente dura plusieurs jours par un brouillard épais et une pluie persistante qui augmentaient les périls de l'exploration.

Le cinquième jour, les jambes engourdies, endolories, des deux savants refusaient de les porter. Ils soupèrent avec un peu de glace, se blottirent derrière un rocher et, leur tête entre les deux genoux à la manière des Indiens, ils essayèrent de dormir.

Le lendemain, en remontant, Moreno perdit pied et glissa sur le dos sur une longueur de dix mètres. Un énorme quartier de roche l'arrêta dans cette chute qui aurait pu être mortelle et, après des fatigues inouïes, ils arrivèrent enfin au sommet du volcan.

Au milieu de ses études absorbantes, Garcia Moreno avait conservé la foi et la piété que sa mère lui avait inculquées. Ne trouvant pas dans la science le dernier mot de ce qu'il cherchait, le jeune homme se résolut à demander au dévouement, au service de Dieu et du prochain les facultés éminentes que la Providence lui avait départies.

Cette âme ardente avait soif d'action. Il crut trouver dans la carrière sacerdotale la voie que Dieu lui indiquait.

L'évêque de Guayaquil étant venu à mourir, son

successeur Mgr Garaïcoa vint à Quito pour la cérémonie de son sacre. Le jeune étudiant en droit lui fut présenté et Gabriel lui fit part de son désir d'être prêtre. L'évêque, heureux pour son clergé d'une recrue aussi distinguée, encouragea le jeune homme dont le frère aîné occupait déjà un poste de curé dans son diocèse. Il lui conseilla même de ne pas différer son projet et, avant de quitter la capitale, il conféra à Garcia Moreno, sur sa demande, la tonsure et les ordres mineurs.

Dieu avait, certes, d'autres desseins ; mais comment ne pas croire à la vocation exceptionnelle d'un jeune homme qui usait envers lui-même de la même fermeté qu'il déployait vis-à-vis des autres ! Nous avons dit que Garcia Moreno fréquentait peu les salons. Il faut ajouter toutefois qu'il y était fort recherché.

Taillé pour y faire bonne figure, de belles manières, d'un abord distingué, Garcia Moreno n'y faisait que de rares apparitions et s'occupait plus des livres qui traînaient sur les tables que des conversations futiles et mondaines.

Cependant le jeune homme n'était pas d'une nature différente de celle de ses compagnons du même âge. Un beau jour il s'aperçut que les jolis riens débités pendant de longues heures employées à ne rien faire pouvaient avoir un certain charme. Les bords de la coupe du *farniente* ont pour tous les mortels une certaine douceur. Le jeune savant prenait goût à ce babillage amusant et il pensa un beau jour ce que d'autres avaient dit avant lui, que, sous le climat brûlant de son pays, l'étude était pénible et le repos bien plus doux.

Cette découverte lui ouvrit les yeux sur le temps qu'il était tenté de perdre. L'habitude était presque prise. Il fallait pour la briser une résolution héroïque.

Moreno n'hésita pas. Dans l'espace d'une demi-heure, il se mit dans l'impossibilité de flâner dans la bonne compagnie de Quito. Il courut chez un coiffeur, se fit raser la tête comme un moine, ce qui nécessitait, avant de pouvoir réapparaître décemment, une réclusion forcée de six semaines. Au bout des six semaines le lien de l'habitude était rompu. On voit que si Moreno traitait les autres sévèrement, il ne s'épargnait pas lui-même.

Se vaincre, être maître de soi, de ses imaginations, de ses impressions, fut son étude dès sa jeunesse.

Un autre jour qu'il se promenait dans la campa-

gne, un livre à la main, une espèce de caverne lui
offrit un abri contre les rayons du soleil. Il s'y ins-
talle commodément et s'aperçoit tout à coup que le
bloc gigantesque semble se détacher et menace de
l'écraser dans sa chute. Son premier mouvement
fut de s'élancer dehors. Puis, après réflexion, voulant dominer à tout prix le sentiment du danger, il
va se rasseoir sous la roche branlante et revient
plusieurs jours de suite y continuer sa lecture.

A cette heure-là, l'étudiant était un homme. Il
commença ses études de droit.

« Président, je vous arrête !... (Page 48.)

IV

LES MAUVAISES HERBES DU JARDIN
DU SUD

LA République de l'Equateur, ce jardin de l'Amérique du Sud, n'était pas plus qu'une autre contrée exempte de la malédiction originelle. Ce pays privilégié, nouveau, maître de lui-même et de ses destinées, aurait pu, sous un gouvernement juste et pacifique, jouir de la liberté qu'il avait conquise, si des éléments de trouble et de discorde ne s'étaient trouvés dans son sein.

L'ambition, le désir de gouverner ses semblables et de puiser à pleines mains dans les coffres de l'Etat; la manie de régenter, de dominer l'Eglise catholique que la majorité du peuple équatorien vénérait comme une mère et écoutait comme l'oracle de la vérité; telles furent les racines des herbes folles et mauvaises qui tentèrent un moment d'envahir le pays et de le mettre à deux doigts de sa perte.

Pour cultiver ces plantes empoisonnées les jardiniers ne manquaient pas. A Quito comme à Guayaquil, le vieux levain révolutionnaire, indifférent ou irréligieux, fit mettre à la tête du pouvoir des hommes qui devaient pendant plusieurs années troubler la paix de la République.

Ce ne fut pas le plus mauvais qui fut placé tout d'abord à la tête du gouvernement. Il y a un progrès dans le mal comme dans le bien. Il fallait y aller doucement pour conduire peu à peu, sans secousse et sans bruit, l'Equateur à l'abîme.

Le premier président de la nouvelle république fut le général Florès. Ses qualités extérieures avaient sans doute séduit la foule. Brave soldat, brillant officier, gentilhomme distingué, il réunit, moins une voix, la majorité des suffrages. On le disait *conservateur*, c'est-à-dire ami de l'ordre et de la justice et, tout en lui reprochant d'être ambitieux, peu religieux, léger de caractère, ami de ses aises et du plaisir, on crut avoir trouvé en lui le chef capable de conduire le char de l'Etat à ses glorieuses destinées.

Cette attente fut bientôt déçue. Florès, à peine au pouvoir, se reposa sur ses lauriers et ne songea qu'à jouir de sa haute position sociale. Sa vie se passait de fêtes en fêtes, de festins en festins. Personne n'eût soupçonné en voyant les joyeux banquets du président et de ses convives que le peuple était malheureux, les services publics négligés et les caisses de l'Etat presque vides.

Bientôt les mécontentements éclatèrent et dans ce pays à surprises, où le lendemain n'est pas toujours semblable à la veille, on opposa à Florès un homme de talent, jaloux du pouvoir, né à Guayaquil, du nom de Rocafuerte.

Après une lutte de quelques semaines, les Equatoriens divisés en deux camps furent un jour bien surpris d'apprendre que les deux adversaires s'étaient réconciliés pour le malheur de leurs partisans. Florès et Rocafuerte, s'entendant comme deux larrons en foire, s'étaient amicalement partagé la dictature. Florès, gardant la présidence, avait offert à Rocafuerte le gouvernement de Guayaquil. L'Equateur, sans s'en douter, avait deux maîtres au lieu d'un.

Mais Florès ne s'endormit pas dans son triomphe; il eut la maladresse de s'attaquer au clergé. Cela provoqua un nouveau bouleversement après lequel le général, condamné à deux ans d'exil, fut obligé de partir pour l'Espagne.

Mais tout en renvoyant le faux conservateur qui s'appelait Florès, la république de l'Equateur nourrissait dans son sein un troisième larron, plus mauvais que les deux premiers. Celui-là devait pendant des années attirer dans le pays le feu de la discorde.

Il se nommait Urbina.

Urbina était à dix-huit ans un simple enseigne de vaisseau. Protégé par Florès, il occupa bientôt un poste important. Mais le jeune homme avait dans les veines le sang d'un ingrat, d'un conspirateur et d'un traître. Il fit rage contre Florès et, après le départ de son protecteur, aspira à le remplacer. Cette ambition était prématurée. Urbina fut assez fin pour comprendre qu'on ne voulait pas encore de lui. Il s'agissait d'être le maître et de ne pas en avoir l'air, de commander tout en paraissant obéir; en un mot, de faire nommer chef du Gouvernement un homme bon, faible, aimé du peuple, mais disposé à servir les idées d'Urbina qui se réservait pour lui le rôle de maître du maître de la république.

Un bon vieillard assez peu claivoyant, du nom de Noboa, consentit à jouer ce rôle secondaire au premier rang. Il séjourna quinze mois à Quito en qualité de président, pendant que son bon ami Urbina surexcitait les esprits à Guayaquil en préparant un hardi coup de main.

Dans les premiers jours de juillet 1851, le vieux Noboa recevait de son cher gouverneur de Guayaquil l'avis qu'une certaine agitation régnait dans la ville et qu'une visite du chef de l'Etat calmerait sans nul doute l'esprit échauffé des habitants.

Les amis de Noboa, flairant une nouvelle trahison, voulurent dissuader le vieux président d'un voyage dans la plaine ; mais plein, de confiance en son favori, Noboa s'obstina à partir pour Guayaquil. Et il s'applaudit de son courage en trouvan au bord du fleuve Guayas un bateau à vapeur magnifiquement orné, qui l'attendait à Babahoyo pour le conduire à Guayaquil avec une garde d'honneur.

Ce vapeur envoyé par Urbina combla de joie le vieux Noboa. Il s'y embarqua plein de confiance sans se douter qu'à la même heure, son cher ami faisait distribuer de l'argent à la garnison de Guayaquil pour proclamer la déchéance de celui qu'il recevait si magnifiquement, et qu'il se faisait proclamer à sa place chef de la république. En approchant du quai de Guayaquil, le vaisseau qui portait Noboa fit, au lieu d'aborder, un mouvement tournant pour se diriger vers un bâtiment à voiles qui louvoyait dans le port et semblait attendre une consigne.

Noboa allait s'informer de la manœuvre lorsque e capitaine des gardes mit la main sur l'épaule du pauvre homme en disant :

« Président ! je vous arrête ! — Vous m'arrêtez ? Et de quel droit ? — En vertu d'un mandat de votre successeur, le général Urbina. »

Devant ce fait brutal, il n'y avait qu'à baisser la tête. Le vieux Noboa était à la merci du traître et de ses agents. On transborda le malheureux président sur le bateau à voiles et, pendant des mois, on le promena sur l'Océan, jusqu'à ce qu'Urbina, sûr de l'impunité, donnât l'ordre de le jeter en exil sur les côtes du Pérou.

Alors seulement l'Equateur put savoir quel maître, ou plutôt quel tyran, la révolution lui avait donné.

Entouré d'une troupe de soldats sauvages que l'on appelait les *Tauras* et qui terrifiaient les honnêtes gens, Urbina fit mettre le vol, le brigandage et l'incendie à l'ordre du jour. Il établit à Guayaquil deux gouverneurs de son espèce nommés Roblez et Franco. Lui, s'installa à Quito, et sous le gouvernement de ce trio barbare, les Equatoriens terrorisés n'osaient même pas faire entendre leurs plaintes.

Lorsque l'un ou l'autre citoyen, plus maltraité ou
plus courageux, voulut tenter l'aventure en dénon-
çant les *Tauras* qu'Urbina appelait ses « chanoines »
par impiété et par moquerie, et qui assassinaient
publiquement ceux qui leur résistaient, Urbina fit
répondre tranquillement que les habitants de Quito
n'avaient qu'à rester chez eux et à fermer leurs
portes, attendu qu'après le coucher du soleil il ne
répondait pas de l'ordre.

Les mauvaises herbes du jardin du Sua mena-
çaient sérieusement d'envahir le bon grain, si Dieu
n'avait suscité, dans la personne de Garcia Moreno,
le vrai libérateur de l'Equateur; celui qui devait
balayer tous les tyrans de son pays et les reléguer
pour longtemps dans le panier du sarclage.

V

GARCIA MORENO AVOCAT ET JOURNALISTE

ENDANT que la république de l'Equateur servait de jouet à la révolution et que la présidence s'attrapait ainsi au vol comme un volant sur une raquette, Garcia Moreno, âgé de vingt-trois ans, avait terminé son cours de droit.

En Amérique, deux sortes de personnes ont en général une influence dominante et sont naturellement à la tête des affaires; ce sont les hommes de loi et les hommes d'Eglise.

Le prêtre et l'avocat semblent avoir une mission à part. Dans ce pays de l'or, où le commerce est la source de la fortune ou de l'aisance de presque tous, l'estime et le respect s'attachent, par un effet de contraste, à ceux qui sortent de la classe des manieurs d'argent. C'est chez eux que l'on cherche d'ordinaire l'instruction, le talent ou le caractère.

Leur profession les expose au regard, et quand ils ont obtenu la confiance du public, cette confiance est pour le prêtre un aide, un auxiliaire précieux, tandis qu'elle peut devenir pour l'avocat le premier degré de l'échelle qui lui permettra d'atteindre aux plus hautes dignités.

Garcia Moreno était donc avocat et, en Amérique, un avocat peut prétendre à tout. Il avait assisté aux fautes et à l'exil du général Florès ; n'avait pas été étranger aux réclamations énergiques lancées contre sa manière de gouverner et, après le départ de Florès pour l'Espagne, s'était improvisé journaliste.

Indiquer les titres des journaux qu'il créa suffirait pour faire connaître les opinions du jeune homme. Ami de l'ordre et d'une liberté chrétienne que ses adversaires confondaient avec la permission de mal faire, il attaquait le désordre et l'impiété sous toutes ses formes. Successivement, avec autant de bonheur que de talent littéraire, il rédigea : le *Fouet*, le *Vengeur* et le *Diable*.

Le dernier titre permettait à Moreno d'exercer sa verve maligne contre les traîtres et les ennemis de son beau pays.

Il avait surtout horreur de ces caractères changeants, peureux ; de ces êtres sans principes, qui n'ont pas le courage de montrer ce qu'ils sont et de dire ce qu'ils pensent, qui prient Dieu dans le temple et blasphèment son nom dans la rue. Moreno, caractère tout d'une pièce, conservateur en tout et partout, voyait avec indignation quelques-uns de ses amis courber l'échine devant le président et l'appeler pompeusement : *le Seigneur Don José Florès*.

Garcia Moreno faisait alors parler le *diable*. Le malin racontait à ses lecteurs qu'un jour, étant de garde auprès du lit d'un mourant, il avait entendu le confesseur exhorter le moribond et lui dire énergiquement : « Mon fils, si vous voulez vous sauver, il faut absolument renoncer à Satan. — Oui, mon Père, certainement, répliquait l'agonisant, je renonce à monsieur Satan. — Pas besoin d'être si poli, mon enfant. Appelez-le Satan tout court. — Excusez-moi, mon Révérend, je n'aime à être mal avec personne. »

Après des histoires de ce genre, on s'arrachait le journal. Florès sentait bien que le jeune journaliste était un adversaire sérieux. Mais ces luttes politiques fatiguèrent le jeune homme qui sentait toujours davantage le besoin de voyager et de s'instruire. Il résolut de visiter l'Europe et il avait quitté l'Equateur pour venir à Paris, lorsque le général Urbina réussit à faire nommer président de la république le bon et faible Noboa.

Ce premier séjour à Paris ne dura que six mois.

Garcia s'embarqua pour revenir à l'Équateur, décidé à ne plus s'occuper des affaires publiques. Mais Dieu voulait faire de ce jeune homme le chef d'un Etat chrétien, et il suscita un événement qui le rejeta dans la mêlée.

Garcia Moréno avait alors plus d'un motif de désirer une vie plus retirée et plus tranquille. D'abord, il n'était plus seul. Peu de temps avant son départ pour l'Europe, ayant reconnu que Dieu ne l'appelait pas au sacerdoce, il avait épousé la Senora Rosa Ascasubi dont les deux frères occupaient une haute position dans la capitale et étaient en parfaite conformité d'idées et de sentiments avec leur jeune beau-frère.

La façon dont il annonça ce mariage, distingué et honorable sous tous les rapports, à un de ses amis, témoigne du caractère discret et expéditif du héros de cette histoire.

Moreno se rendait avec cet ami à Guayaquil à travers les montagnes. Les deux jeunes gens durent passer la nuit dans une hutte où l'on recueillait les voyageurs.

L'ami dormait de son mieux, lorsque, vers deux heures du matin, Garcia le réveille en sursaut et lui dit très sérieusement : « Mon cher, voilà plus de deux heures que je suis marié ! — Allons donc ! fit l'autre qui n'y comprenait rien, tu rêves et tu as le cauchemar. — Pas le moins du monde. En partant de Quito, j'ai laissé ma procuration et, à l'heure où je te parle, le contrat est signé. »

C'était vrai, et cette riche et honorable alliance eût fait sans nul doute le bonheur des deux époux, si les orages de la vie publique n'avaient pas assombri trop tôt les joies intimes du foyer domestique.

En quittant Paris, Moreno était donc bien décidé à laisser l'Equateur se débattre sous la main qui l'opprimait, lorsqu'une rencontre faite à Panama fit échouer sa résolution.

Le gouvernement de la Nouvelle Grenade, république voisine de celle de l'Equateur, venait, en haine de l'Eglise catholique, de chasser les Jésuites.

En arrivant à Panama, le jeune Equatorien trouva au port d'embarquement un certain nombre de ces religieux qui allaient partir pour l'Europe.

Les pauvres Pères quittaient avec regret cette Amérique du Sud où ils travaillaient depuis six ans à l'instruction de la jeunesse ; où ils avaient fondé des collèges, évangélisé les sauvages, et d'où, sans reconnaissance pour les services rendus, on les chassait ignominieusement.

Garcia Moreno, qui ne voulait plus se mêler des affaires publiques, aimait trop son pays pour ne pas saisir l'occasion de lui être doublement utile. Il pensa que la république de l'Equateur pourrait profiter du mauvais vouloir et de la sottise de la Nouvelle-Grenade.

Pourquoi ne recueillerait-elle pas les Jésuites, ces vaillants instituteurs de la jeunesse que les Grenadiens étaient assez mal avisés pour renvoyer en Europe?

Pour un homme de la trempe de Garcia Moreno, réfléchir et agir étaient une seule et même chose. L'occasion était là, il fallait la saisir aux cheveux et, simple particulier, sans mandat et sans mission, il demande spontanément aux religieux de s'embarquer avec lui pour se rendre à Quito.

L'entreprise était périlleuse, car, si le bon Noboa pouvait consentir à l'établissement d'un collège de jésuites, Urbina, son âme damnée, mettrait sans

En pleine séance du Congrès, les agents de Robles... (Page 52.)

nul doute des bâtons dans les roues. Mais, pour Gabriel Garcia, les difficultés étaient un attrait de plus. Les lenteurs, les démarches interminables n'avaient jamais été son fait, et il pressa si fort le Père supérieur que celui-ci, désireux d'ailleurs de rester en Amérique, répondit favorablement à sa demande.

Mais une fois embarqués sur le chemin de Guayaquil, que devinrent-ils tous deux en reconnaissant parmi les passagers le général Obando, un des acharnés persécuteurs des pauvres religieux ? Envoyé par la Nouvelle-Grenade en qualité d'espion, il était sans doute chargé de prévenir toutes les républiques du Sud et de les empêcher d'accorder un asile aux Jésuites expulsés.

L'essentiel en pareil cas était d'arriver à temps. Garcia Moreno prend ses mesures. Il aborde à Guayaquil, débarque le premier, court chez Noboa sans perdre une minute, obtient l'autorisation demandée, et cela au grand ébahissement du général Obando à qui il fut répondu quelques heures après, lorsqu'il vint demander l'interdiction des religieux, qu'il arrivait trop tard.

A cet événement, la joie du peuple ne connut pas de bornes. Garcia Moreno triomphait.

Mais il fallait soutenir l'œuvre qu'il avait entreprise, défendre les Jésuites contre la révolution et,
par conséquent, se mêler plus que jamais à la lutte
qu'il voulait fuir. Il reprit bravement la plume et
redevint journaliste.

La trahison d'Urbina à l'égard du vieux Noboa
fournit ample matière à sa verve.

Pendant que la peur courbait tous les esprits sous
le joug du tyran, Moreno, seul sur la brèche, faisait
entendre le cri de détresse du peuple persécuté. Il
fonda un nouveau journal qu'il baptisa *la Nation* et
ne ménagea pas la vérité au trio redouté : Urbina,
Roblez et Franco.

Mais il ne se faisait pas d'illusion sur les résultats
de sa hardiesse. Heureusement pour son pays, il
ne connaissait pas la peur.

A l'apparition du premier numéro du journal *la
Nation*, Urbina fit dire à l'intrépide journaliste que,
s'il osait en lancer un second, il le ferait conduire en
exil, ou mieux encore, fusiller dans un coin quelconque par ses agents les *Tauras*.

La semaine suivante, toute la ville de Quito était
aux aguets. La *Nation* paraîtrait-elle ? Ne paraîtrait-elle pas ? Garcia Moreno oserait-il braver la
défense du terrible Urbina ?

Au jour fixé, le second numéro du journal faisait son apparition, et, sachant que c'était le dernier, Moreno n'y épargnait pas son redoutable adversaire.

Deux heures après, le journaliste voulant obliger Urbina à le faire arrêter en pleine rue, se rendit avec deux amis sur la place de Quito. Une escouade de gendarmes leur mit à tous trois la main au collet en présence du peuple consterné, pas assez courageux cependant pour les défendre, et, les conduisant à Pasto dans la Nouvelle-Grenade, les mirent sous la surveillance des francs-maçons qui avaient chassé les Jésuites que Moreno avait recueillis.

De semblables gardiens n'étaient guère rassurants. Moreno ne tenait pas à rester entre leurs mains. Il profita d'un moment où la garde n'avait pas l'œil sur lui et, quittant sa prison, il revint tout simplement..... à Quito, à la faveur d'un déguisement.

Si ses partisans avaient eu seulement le quart de son courage et de son audace, ils auraient avec lui renversé Urbina. Mais les Moreno sont rares ! disons-le : ils sont uniques. Notre Garcia vit bientôt qu'il ne pouvait compter que sur lui-même. A Quito comme à Guayaquil où il se rendit secrètement, il comprit que le moment d'une résurrection n'avait pas encore sonné et, ne voulant pas être une seconde fois inutilement prisonnier, il se réfugia au Pérou, à l'extrême frontière, dans le petit port de Payta.

Toutefois la présence de Garcia à Guayaquil avait porté ses fruits. Peu de temps après avaient lieu à l'Equateur les élections au Sénat. Guayaquil choisit l'exilé pour son représentant, ce qui rendit furieux, naturellement, Urbina et ses complices.

Il fit l'impossible pour empêcher cette élection ; ses manœuvres aboutirent à une défaite. Garcia Moreno fut élu, et comme la loi interdisait l'arrestation des sénateurs pendant la durée du congrès, sa personne devenait inviolable. Il était libre de revenir presque en triomphateur dans son pays.

Urbina ne l'entendait pas ainsi. Ses caprices étaient au-dessus de la loi. Cette fois, ce fut Roblez qui fut chargé de l'exécution. En pleine séance du Congrès, à l'ouverture de la séance, les agents de Roblez arrêtèrent le nouveau sénateur comme un vulgaire vagabond ; et, après quelques jours de détention sur un vaisseau de guerre, le déposèrent de nouveau à Payta sur les côtes du Pérou.

Là, il restait à Moreno un dernier moyen de défense : sa plume. Il écrivit une brochure intitulée *la Vérité*, qui dévoilait publiquement les fraudes, les trahisons, les tyrannies, les excès de tous genres d'Urbina et de son entourage. La *Vérité* relevait des charges écrasantes contre les révolutionnaires, elle laissait entrevoir l'espoir de temps meilleurs et appelait à grands cris un homme de cœur et d'énergie pour relever de ses ruines le beau pays que Garcia aimait tant.

Puis, pour se préparer à aider de tout son pouvoir celui que Dieu susciterait pour la délivrance de sa patrie, — sans se douter que cet homme c'était lui, — Moreno résolut d'acquérir par l'étude et les voyages l'expérience qui lui manquait encore.

Malgré ses fautes et ses illusions, la France lui apparaissait de loin comme une école qu'il lui serait bon de fréquenter. Comme l'Equateur, elle avait subi plus d'une fois le joug de la révolution. Il voulut étudier de près cette révolution dans ses résultats, afin d'en trouver le remède.

Une seconde fois, il prit la mer à Panama et, un mois après, il arrivait à Paris.

Le sauvage Franco le fit saisir et déporter sans autre forme de procès
(Page 73.)

VI

GARCIA MORENO ET L'INFLUENCE FRANÇAISE

ON raconte d'un professeur distingué qui occupa un jour avec gloire la chaire de littérature de la Sorbonne, une des premières écoles de Paris, qu'il arriva jeune étudiant dans la capitale, muni d'une lettre de recommandation pour M. de Chateaubriand.

Une des premières questions que lui fit l'éminent écrivain fut celle-ci : « Mon cher ami, irez-vous au théâtre ? »

L'étudiant hésitait à répondre. A dix-huit ans, on a encore le souci de passer pour un petit garçon, et Frédéric Ozanam — c'était le nom du jeune homme — n'osait pas dire à l'homme illustre qui l'interrogeait que sa mère lui avait fort recommandé de ne pas fréquenter les salles de spectacle.

Chateaubriand attendait une réponse. Ozanam prit son courage à deux mains et répondit avec franchise à la question posée.

« Mon cher ami, lui dit alors le grand homme, votre mère a mille fois raison. Obéissez-lui scrupuleusement. N'allez pas au théâtre. Vous n'aurez là rien à gagner et vous y trouveriez beaucoup à perdre. »

Je ne sais si dona Mercédès avait fait jadis à son fils la même recommandation.

Ce qu'il y a de certain, c'est que les spectacles, le plaisir, n'attiraient pas le jeune Américain qui avait vraiment bien autre chose à faire. Il n'était pas venu en France pour s'amuser mais pour s'instruire. Les sciences naturelles, en particulier la chimie, passionnaient cet esprit curieux. Il trouva sans peine des maîtres, des instruments et un laboratoire et il se mit à étudier seize heures par jour avec une ardeur que rien ne pouvait ni rebuter ni ralentir.

Les Anglais disent souvent par manière de proverbe : Le temps, c'est de l'argent. Pour notre Américain, le temps, c'était de l'or, et il en perdait le moins possible.

Comme tous ses compatriotes, Moreno était grand fumeur. En passant aux Antilles, il avait fait prudemment une ample provision de cigares. Un de ses amis qui repartait pour l'Amérique vint lui faire ses adieux. Garcia, pour lui faire plaisir, lui remit le précieux coffret avec son contenu. « Mais, objecta l'ami, vous avez tort, mon cher. Vous ne remplacerez pas en France des cigares de cette espèce, tandis que je vais pouvoir m'en procurer avec la plus grande facilité. — Prenez, prenez, dit Moreno avec vivacité. J'aime les cigares ; je les aime trop, et je perds mon temps à les allumer. En m'en débarrassant, vous me rendrez service. »

Garcia trouva donc à Paris le complément d'instruction qu'il cherchait, mais il y trouva surtout une grâce précieuse que Dieu lui réservait et qu'il ne cherchait pas.

Ses études absorbantes et multipliées avaient eu depuis quelques années déjà un côté dangereux. Elles absorbaient son intelligence, occupaient ses heures un peu aux dépens des actes de foi pratique, que la religion catholique exige de ses enfants fidèles.

Catholique, Garcia l'était et il était fier de l'être. Mais qu'était devenue la ferveur de ses dix-huit ans, alors que, dans son ardeur et dans son enthousiasme, il s'était jeté aux genoux de l'évêque de Guayaquil

pour lui demander d'entrer dans la milice des prêtres
de Jésus-Christ?

Il étudiait avec un intérêt croissant l'histoire et la
littérature. L'histoire de l'Eglise surtout rassasiait
et ravissait son esprit altéré de vérité. L'abbé Rohr-
bacher, un érudit et un croyant, venait de faire
paraître le superbe ouvrage en vingt-neuf volumes
qui relate cette histoire magnifique. Moreno le relut
trois fois, sans en omettre une seule ligne; mais son
admiration ressemblait à celle de ces voyageurs
pressés qui regardent de loin la façade et les sculp-
tures du temple et n'en franchissent pas les portiques.

Pourtant, en toutes circonstances, le jeune
homme défendait la religion avec son énergie bien
connue lorsqu'on l'attaquait devant lui.

Un jour, quelques compatriotes un peu incrédules
parlèrent devant lui avec légèreté d'un malheureux qui venait de mourir en refusant absolument
les derniers sacrements. Moreno s'indigne et, la
discussion s'échauffant, un des interlocuteurs à bout
de bonnes raisons lui répliqua à brûle-pourpoint :
« Vous parlez fort bien, mon cher, mais il faut croire
que, pour vous autres, la pratique n'est pas toujours
à la hauteur de la théorie. Depuis quand, s'il vous
plaît, vous êtes »

Un peu étourdi de l'apostrophe, Moreno garda d'abord le silence. Mais il se remit bien vite. « Monsieur, répliqua-t-il vivement, voilà un argument qui vaut quelque chose aujourd'hui et qui demain ne vaudra plus rien. J'irai me confesser ce soir, et cela au premier prêtre que je rencontrerai. »

Là-dessus, il rentra chez lui, tomba à genoux dans sa chambre, fit un examen de conscience minutieux et, repentant de sa négligence, heureux de cette grâce soudaine qui le ramenait au pied des autels, il reprit dès ce jour ses exercices de piété pour ne plus les quitter jamais. Cette vie à Paris dura trois ans.

Pendant ces trois années, l'Equateur miné par la révolution se débarrassait d'Urbina comme président, pour donner le pouvoir à Roblez qui ne valait guère mieux. Urbina reprit son poste de gouverneur de Guayaquil. Néanmoins, Moreno bénéficia de cette mesure, car, dans l'espoir de se faire bien venir ou plutôt de se faire pardonner ses précédentes injustices, le nouveau président céda aux instances des amis de Garcia et leva le décret d'exil qui pesait sur lui.

Leur démarche permettait donc au jeune homme de retourner en Amérique, à la grande île de sa femme et de tout le peuple équatorien.

Aussitôt de retour, la ville de Quito le choisit pour son représentant et le nomma sénateur. Garcia Moreno put reprendre au Congrès tout en arrivant la place que les gendarmes d'Urbina lui avaient empêché d'occuper quatre ans auparavant.

Le nouveau sénateur arrivait au bon moment.

Non seulement, Urbina et Roblez faisaient la désolation du peuple équatorien ; mais à toutes leurs injustices, à leurs mesures tyranniques, impies et ruineuses, ils avaient ajouté la maladresse de se mettre mal avec leurs voisins. A la suite de démêlés avec l'ambassadeur du Pérou, cette république, qui rêvait sans cesse de s'annexer Guayaquil, déclara la guerre à l'Équateur.

Roblez, contre l'avis du Congrès, rejoignit Urbina dans la plaine, soi-disant pour préparer des moyens de défense ; mais Dieu avait choisi ce moment pour les réduire tous deux à l'impuissance.

On dit souvent que les loups ne se mangent pas entre eux ; on n'en saurait dire autant des méchants que la Providence aveugle quelquefois pour venir en aide aux amis de l'ordre.

On se souvient que les tyrans du pays formaient un trio capable de s'entendre : Urbina, Roblez et le général Franco. Heureusement leur entente ne dura pas toujours. Franco, le troisième larron, voulut se débarrasser de ses deux collègues, et il profita du désarroi causé par la déclaration de guerre du Pérou pour arriver à ses fins.

Il agit avec Roblez comme Urbina lui avait appris à le faire avec le vieux Noboa.

Lorsque le président arriva à Guayaquil, le sauvage Franco le fit saisir et déporter sans autre forme de procès, et lorsqu'Urbina vint réclamer au nom de son collègue, Roblez, avec la même gracieuseté, l'embarqua sur un vaisseau et le fit conduire sous bonne escorte en pays étranger.

Des trois tyrans de l'Equateur, il n'en restait plus qu'un.

VII

LE HÉROS DE RIOBAMBA

RANCO, réfugié dans Guayaquil, se croyait au terme de ses ambitions, mais la situation de son pays ne lui permettait guère de jouir d'une présidence usurpée. D'un côté, les Péruviens bloquaient le port de Guayaquil, et, à l'intérieur du pays, une défense sérieuse s'organisait contre l'usurpateur.

D'abord, il n'y avait pas de président régulièrement nommé.

Franco avait bien fait faire une élection rapide dans laquelle il avait obtenu une voix de plus que Garcia Moreno. D'après la loi, cette majorité n'était pas suffisante ; mais Franco s'occupait bien de la loi ! Il s'obstina et se fit proclamer à Guayaquil chef de la République, tandis qu'à Quito, devant l'imminence du péril, les sénateurs réunis avaient élu régulièrement un gouvernement provisoire dont Moreno était le chef.

Dès ce jour, le pays fut divisé en deux fractions : les amis de l'ordre qui comprenaient la majeure partie de l'honnête population équatorienne ralliée au gouvernement de Quito ; et les traîtres, les lâches, les fauteurs de désordre, les amateurs de pillage, qui soutenaient Franco, et son gouvernement de Guayaquil. Celui-ci s'appuyait aussi sur les troupes de la plaine qu'il tenait sous sa puissance, tandis que les troupes d'Urbina, cantonnées sur le plateau, s'étaient soumises à contre-cœur au gouvernement provisoire. Un levain de révolte fermentait dans le cœur de ces soldats indisciplinés qui n'attendaient qu'une occasion favorable pour trahir la cause qu'ils défendaient.

Cette occasion ne se fit pas attendre.

L'heure de Garcia Moreno avait sonné. Il avait défendu jusque-là la bonne cause avec sa plume ; il comprit que, désormais, il devait la défendre avec son épée. Provisoirement, il venait d'être élu chef de l'Etat ; cet honneur, dans ce moment critique, lui imposait tous les devoirs. Il devait pour sauver son pays réunir dans sa personne les talents du soldat, du général, de l'administrateur, de l'homme d'Etat, du chimiste, de mathématicien ; en un mot, il fallait à l'Equateur un génie universel. Garcia Moreno était prêt pour la lutte ; cet homme de génie, c'était lui.

Devant l'immensité de la tâche, un autre aurait reculé. Rien n'était fait pour l'effrayer. Il comprit tout d'abord que, dans ce temps de guerre civile et étrangère, il lui fallait avant tout une armée. Une armée forte, disciplinée, régulière ; de bons soldats munis de bonnes armes et de bonnes munitions, et il n'avait rien sous la main. Tout était à créer, tout était à faire. Moreno n'eut pas seulement la pensée d'hésiter.

Un de ses amis, riche propriétaire, nommé Jean Aguirre, possédait dans l'hacienda de Chillo, à quelques lieues de Quito, une grande manufacture de coton. Dévoué patriote, généreux par nature et par amitié, il l'offrit à Garcia Moreno qui en fit une fabrique d'armes. C'est de là que sortit son matériel de guerre. Dans cette vaste entreprise, Moreno s'applaudit plus d'une fois de ses vastes connaissances en chimie et en mathématiques. Souvent, après avoir passé une journée laborieuse à recruter des soldats, à organiser sa petite armée, il passait la nuit sur un livre ou sur une feuille de papier, occupé à chercher, à résoudre le problème qui devait donner aux armes fabriquées à Chillo la précision et la portée voulues.

Les préparatifs de guerre nécessités par la circonstance n'empêchaient pas le bon Moreno de déplorer la situation faite à son beau pays.

Combattre le Pérou, c'était bien, car le Pérou, c'était l'ennemi, l'étranger qui voulait s'emparer de Guayaquil, « la Perle du Pacifique ». Mais se battre contre Franco, c'était faire la guerre à des frères, à des compatriotes ; c'était verser le sang de ceux qui n'auraient dû le répandre que pour la patrie. Ces douloureuses réflexions donnèrent à Moreno le courage de proposer au traître Franco de cesser une querelle fratricide et d'unir leurs forces contre les Péruviens.

Franco n'était pas digne de comprendre ce noble langage et, après son refus, Moreno, qui s'était rendu à Guayaquil en négociateur, reprit la route de Quito. Il profita de ce voyage pour inspecter sa petite armée échelonnée sur son passage.

Le lâche Franco dépêcha après lui des assassins avec mission d'en finir avec le noble citoyen. Heureusement la manière de voyager de Garcia Moreno déconcerta tous les plans. Les affreux sentiers de Guayaquil à Quito, Moreno les parcourait à cheval, et le cheval dressé par lui, qui passait à juste titre pour le meilleur cavalier du pays, défiait toutes les poursuites. Franco en fut pour ses frais d'assassinat et de trahison.

Mais ce voyage de Garcia au grandissime galop, au milieu de chemins impossibles, fut interrompu par une aventure qui faillit lui devenir fatale.

Une des villes du plateau, la cité de Riobamba, renfermait dans ses murs une partie des troupes d'Urbina, soumises à contre-cœur au gouvernement provisoire. Moreno, qui ne se fiait qu'à demi à ces soldats de contrebande et qui n'ignorait pas que Franco conservait avec leurs chefs des intelligences secrètes, résolut de s'arrêter à Riobamba pour inspecter les compagnies.

Pour tout autre que pour Moreno, une pareille idée était des plus aventureuses. Un homme, seul, à cheval, devant toute une armée en révolte sourde contre le pouvoir, eût-il le courage et l'énergie du monde entier, devait succomber dans la lutte.

Cette considération n'arrêta pas le président. Fatigué de la course au clocher accomplie les jours précédents, il se décida même à passer quelques jours à Riobamba pour prendre un peu de repos avant de se rendre à Quito.

La nuit même de son arrivée, un bruit inaccoutumé vint troubler le sommeil du voyageur. Il se lève, s'informe, et voit venir le commandant de place qui lui apprend que la caserne est en pleine insurrection.

Les soldats se plaignent et murmurent. Ils prétendent qu'ils sont mal vêtus, mal nourris, trop peu payés et le capitaine Palacios, chef des mécontents, vient proposer au président de renoncer à son mandat. S'il persiste à se dire chef de la république, les mutins réclament son arrestation et ne répondent pas de sa vie.

A cette proposition Moreno se redresse avec fierté : « Jamais! dit-il à Palacios. Vous pouvez briser ma vie, vous ne briserez pas ma volonté. Je suis chef de l'Etat et je reste chef de l'Etat. »

A ces paroles, Palacios se saisit de Garcia Moreno, le fait jeter en prison et lui déclare que, s'il ne change pas de résolution, il sera fusillé le lendemain sur la place de Riobamba.

Garcia Moreno connaissait les traîtres. Ils le feraient comme ils l'avaient dit. Aussi son premier soin fut de recommander son âme à Dieu, le second

« Dites à votre maître que je suis entré ici par la porte et que je n'en sortirai pas par la fenêtre. » (Page 83.)

de chercher à s'échapper des mains de ses gardiens et de sauver une vie qui devenait, il le pressentait, nécessaire à son pays.

Avec sa promptitude habituelle, il avait jugé d'un coup d'œil la situation. Un de ses amis, — il en avait à Riobamba comme partout — lui fit dire par un de ses domestiques, qui était parvenu à s'introduire dans la prison, qu'il lui serait facile de desceller un barreau de sa fenêtre, et qu'il trouverait dans la rue un cheval tout sellé pour la fuite.

« Dites à votre maître, répliqua l'intrépide président à ce serviteur fidèle, que je suis entré ici par la porte et que je n'en sortirai pas par la fenêtre. »

En effet; il avait son plan.

Aussitôt après avoir mis Garcia Moreno sous les verrous, les soldats, avides de pillage, s'étaient débandés et répandus dans la ville.

Quelques gardes seulement surveillaient le prisonnier et regardaient avec envie les camarades plus heureux qui rapportaient de la ville le butin qu'ils avaient volé. Bientôt ils ne résistèrent plus à la tentation et se joignirent peu à peu aux pillards, en ne laissant qu'une sentinelle à la porte du cachot.

Moreno guettait le moment.

Il s'approcha de cet unique gardien. « A qui as-tu fait serment de fidélité? lui demanda-t-il d'un ton sévère. — Au chef de l'Etat, répond le soldat tout tremblant. — Le chef de l'Etat, c'est moi. N'as-tu pas honte de trahir à la fois ton Dieu et ta patrie? »

Le soldat ahuri tombe à genoux et demande grâce. Moreno sort de la prison, par la porte, comme il l'avait dit, traverse Riobamba et trouve à quelque distance de la ville quatorze de ses fidèles soldats qui venaient à sa rencontre.

Avec un homme comme Moreno, ces quatorze braves valaient une armée. Au lieu de se rendre avec eux à Quito, il tourne bride et, sans perdre une minute, reprend le chemin de Riobamba.

Fatigués, ivres, après cette nuit de pillage, les soldats mutinés dormaient d'un sommeil pesant.

La vaillante petite troupe les réveille. A travers les fumées de l'ivresse, ils croient avoir affaire à une armée et se rendent sans résistance.

Séance tenante, Moreno fait conduire sur la place les chefs de l'insurrection, Palacios à leur tête. Les quatorze braves s'improvisent en conseil de guerre. Les rebelles sont condamnés à mort.

Moreno leur donne une demi-heure pour s'y pré-parer. Un prêtre est appelé pour assister les con-

damnés. Le farouche Palacios refuse son ministère
et tombe sous les balles du peloton d'exécution à
l'heure fixée par ses juges.

La soldatesque en révolte avait trouvé son maître.
Il n'y avait plus qu'à vaincre le misérable Franco
cantonné dans Guayaquil, et qui venait d'ouvrir la
porte aux ennemis de son pays en laissant débarquer six mille Péruviens sur le territoire de l'Equateur.

VIII

UN SIÈGE DANS UN MARAIS

Après l'aventure de Riobamba, plus d'une année fut employée par Garcia Moreno à préparer son attaque, tout en avançant toujours et en s'emparant des villes et des villages disséminés sur le premier versant des Cordillères, encore sous la domination du traître Franco.

Un jour, une nouvelle foudroyante se répandit comme une traînée de poudre d'un bout de l'Equateur à l'autre. Franco, pour s'assurer définitivement la protection du Pérou contre le gouvernement provisoire de Quito, venait de lui céder à prix d'argent une partie du territoire équatorien, que depuis longtemps déjà les Péruviens convoitaient.

Ce honteux marché fit bondir d'indignation tous les vrais patriotes et, sous le coup de l'horreur que causait cette nouvelle, Moreno vit sa tâche se simplifier de moitié.

Les recrues abondaient à son camp; les riches propriétaires mettaient à sa disposition leur fortune, leurs personnes ; tous les hommes de cœur et de dévouement ne reculaient devant aucun sacrifice pour sauver l'honneur national. Il n'y avait plus qu'un cri dans la bouche de tous ces vaillants : vaincre ou mourir sous les murs de Guayaquil, dont le lâche Franco avait fait le boulevard, la citadelle d'une odieuse trahison.

Les républiques du Sud avaient les yeux sur ce petit peuple qui défendait si chaleureusement son indépendance et qui s'apprêtait à soutenir une lutte décisive d'où dépendait la vie ou la mort de la nation.

De la part de Franco, la mesure était comble. Ceux-là mêmes qui auraient eu quelque inclination à soutenir le général, abandonnèrent définitivement une cause que son chef rendait si mauvaise.

On n'a pas oublié le premier président de l'Equateur, le général Florès. Exilé de sa patrie depuis quinze ans, il avait passé quelques années en Espagne, puis il était venu s'établir au Pérou d'où il suivait de loin les luttes de son pauvre pays.

Les montagnards dévoués à García Moreno donnaient des renseignements... (Page 94.)

Pendant son passage à la Présidence, Florès avait plus cherché à se rendre la vie agréable et facile qu'à se dévouer pour la patrie.

Florès avait eu des torts, mais il était homme d'honneur et la pensée de la vente que Franco venait de signer fit bondir son cœur de soldat.

Il publia la courageuse opposition que Garcia Moreno avait faite autrefois à sa mauvaise administration, et dans un élan généreux, connaissant les préparatifs de guerre faits par le gouvernement de Quito, il écrivit à Moreno ce laconique billet :

« Président !

« Dans les circonstances difficiles où vous vous trouvez, faites-moi savoir si je puis vous être utile et je suis à vos ordes. »

Si Florès pouvait oublier ainsi ses rancunes, Garcia Moreno ne haïssait que le mal et faisait bon marché de ses sentiments personnels. Il répondit sans hésiter, tout aussi brièvement :

« Venez immédiatement. Je vous nomme général en chef. »

Florès accourut, prit le commandement des troupes et alla établir son quartier général à Guaranda, sur la hauteur qui domine Babahoyo, au bord du fleuve Guayas.

Babahoyo était une place importante, car le fleuve Guayas, en se jetant dans la mer près de Guayaquil, devait conduire les troupes jusque sous les murs de la ville qu'il fallait assiéger. Florès comptait bien descendre la rampe des Cordillères et prendre position au bord du fleuve ; mais, avant de commencer les hostilités, Moreno voulut faire entendre encore une fois à Franco le langage de l'honneur et de la raison.

Il lui écrivit une admirable lettre dans laquelle il le suppliait de penser au plus grand bien de sa patrie et de se sacrifier pour elle.

Puis il ajoutait magnanimement :

« Comme j'aurais mauvaise grâce, général, de vous demander un sacrifice que je ne serais pas moi-même disposé à accomplir, je vous fais une proposition. Partons tous deux pour l'étranger; exilons-nous volontairement. Qu'on ne dise pas que nous faisons de cette grande querelle une question de personnes ! Vous et moi disparus, le peuple nommera légalement et librement ses représentants et son chef. Si vous refusez, général, je n'aurai au

moins pas à assumer la responsabilité du sang qui va
être versé. »

Cette parole sublime ne trouva pas d'écho. Le
bonheur du pays importait peu à Franco. Son ambition primait tout. Il ne voulait pas renoncer à la
présidence pour laquelle il avait commis déjà tant
de crimes. Mais Moreno avait fait une fois de plus
preuve de générosité et de grandeur d'âme. Il ne
lui restait plus qu'à rendre son nom immortel en
entrant par la force des armes et de son audace
chevaleresque dans l'imprenable cité.

Pendant ce temps, Franco avait pris ses avances
et l'on apprit un beau matin qu'il avait divisé son
armée et qu'une partie occupait déjà la place de Babahoyo. Il ne s'agissait plus maintenant d'occuper
cette ville tout simplement, mais il fallait la prendre
de vive force.

Garcia Moreno et Florès se concertent. Inférieurs
en nombre, il faut nécessairement user d'adrese. Ils
conviennent de descendre silencieusement la montagne, de tourner l'armée de Franco pour la surprendre, et d'éviter autant que possible une grande
bataille afin de réserver leurs forces pour l'assaut
de Guayaquil.

Cette descente prudente et secrète ne dura pas

moins de seize heures. Les montagnards dévoués à Garcia Moreno donnaient des renseignements sur les mouvements de l'ennemi, de sorte qu'on arriva près de Babahoyo sans avoir brûlé une seule cartouche.

Franco, pris à l'improviste, n'eut que le temps de se précipiter sur le vaisseau qui le ramena à Guayaquil, tandis que le gros de la troupe, déconcerté, débandé, ne put résister aux troupes de Quito. La cavalerie de Florès avait chargé les artilleurs qui furent sabrés sur leurs pièces; on coupa la retraite aux autres soldats de Franco en faisant couler ses vaisseaux.

Au récit de cette défaite, les meneurs de Guayaquil, en désespoir de cause, firent déclarer la cité ville libre et indépendante, sous le protectorat du Pérou. Franco trahissait à la fois ses serments et le peuple qui s'était confié à lui; mais la valeur de Moreno et de sa troupe devait déjouer ce dernier plan.

Après la prise de Babahoyo, il fallut tout un mois à l'armée de Quito pour s'approcher de Guayaquil.

En temps de guerre, une des sciences les plus importantes est celle de la topographie, c'est-à-dire la connaissance exacte du terrain sur lequel on va s'engager. Les dispositions ne sont pas les mêmes pour attaquer une place maritime, une cité de montagnes ou une ville de la plaine, et l'on peut dire que toutes les difficultés réunies autour de « la Perle du Pacifique » en faisaient une forteresse imprenable, défendue beaucoup mieux encore par la nature que par l'art.

La plaine de Guayaquil forme une presqu'île qui s'avance en pointe sur l'Océan. La ville domine la plaine, de sorte qu'en descendant la montagne du côté de Babahoyo, les troupes de Moreno venaient se heurter à une colline hérissée de batteries qui attendaient l'ennemi de pied ferme, tandis que les deux autres côtés étaient défendus naturellement par les horizons perdus de l'Océan Pacifique.

Franco concentra donc toute sa défense du côté de la montagne.

Florès et Moreno simulèrent l'attaque de ce côté, mais ils avaient imaginé un plan si audacieux, qu'il ne pouvait être dépassé que par la hardiesse de l'exécution.

Du côté droit de la presqu'île, un marécage boueux, planté d'arbres dont les inextricables racines s'élevaient à plusieurs mètres au-dessus du sol, opposaient au passage des troupes une invincible barrière. Le marécage aboutissait à un bras de mer d'une trentaine de mètres, pour retrouver une seconde plantation de mangliers en fouillis — c'est le nom de cet arbre gigantesque — qui enfonçaient à nouveau leurs branches et leurs racines dans une plaine de marne et de boue.

Aventurer une armée dans ce marais, c'était le comble de l'imprudence, de la folie ou du génie militaire. C'était là pourtant le projet de Moreno et de Florès.

Pendant que la garnison de Guayaquil se livrait au sommeil, en rêvant pour le lendemain l'attaque de la colline, les troupes de Quito défilèrent en silence et arrivèrent en bon ordre au bord du marécage qu'on appelait dans le pays l'*Estero Salado*.

Les soldats étaient dignes de leurs chefs. Jamais peut-être l'histoire de la guerre ne raconta rien de semblable à l'entreprise de la petite armée équatorienne.

Sans hésitation, sans peur, sans méfiance, la troupe s'engagea dans ce fétide marécage.

Elle avançait de quelques mètres au prix d'efforts inouïs. On ne voit plus que des uniformes accrochés aux branches de mangliers, tantôt perchés sur les arbres, tantôt s'enfonçant dans la vase.

Après des difficultés inimaginables, l'infanterie arrivait au but. Mais quand ce fut le tour de l'artillerie, les impossibilités redoublèrent.

Qu'on se représente un matériel de guerre transporté sur un terrain mouvant où l'on enfonce jusqu'à la ceinture. On démonte les canons. Il faut douze hommes pour soulever le levier sur lequel ils sont attachés, pendant que dix autres soldats traînent péniblement les affûts. On charge sur le dos de l'arrière-garde les caissons de munitions. Souvent une des branches pourries des grands arbres cède sous le poids; quatre ou cinq soldats tombent dans l'ornière; c'est chaque fois une heure de retard et il faut tout le génie, tout le dévouement des officiers pour empêcher ces braves de périr.

On a parlé et on parlera jusqu'à la fin du monde d'Annibal forçant le passage des Alpes; la traversée de l'Estero Salado est un fait unique dans l'histoire. La garnison de Guayaquil, surprise de se voir attaquée sur un point si bien défendu, finit, après un siège de quelques heures, par s'enfuir affolée à travers les rues de la ville.

Le général Franco, embarqué sur un vaisseau péruvien, laissait la cité entre les mains des deux héros du vingt-quatre septembre 1860 : Florès et Garcia Moreno.

Toujours modeste et religieux dans ses jours de triomphe, Moreno attribua à la Vierge Marie cette victoire inespérée. Le vingt-quatre septembre était la fête de Notre-Dame de la Merci ou de la Rédemption des captifs. Il décida que la Libératrice des Equatoriens serait invoquée désormais comme la patronne de l'armée de la république, et que, chaque année, au retour du glorieux anniversaire de la prise de Guayaquil, le gouvernement assisterait officiellement, en corps, aux solennités de l'Eglise.

IX

UN CHEF D'ÉTAT CHRÉTIEN

PAR la force des armes et de son audace chevaleresque, Garcia Moreno avait chassé de son pays le trio qui voulait sa ruine : Urbina, Roblez et Franco. Mais, dans une maison en désordre, il n'est pas suffisant de mettre à la porte les auteurs du bouleversement. Il faut, après leur départ, remettre chaque chose à sa place, ce qui est souvent une longue, difficile et fatigante opération. Et quand le bâtiment est à moitié démoli, la reconstruction sur des bases plus solides n'est pas toujours sans danger.

La république de l'Equateur représentait à merveille cet édifice en ruines qu'il fallait remettre debout. Il ne s'agissait plus de combattre les démolisseurs, mais de travailler à rééddifier une maison solide, assez solide pour résister aux assauts des

vaincus, qui tenteraient sans doute plus d'une fois
de recommencer sourdement leurs essais de destruction.

Tout d'abord, Moreno voulut avoir une mission
légitime pour cette œuvre de renouvellement. Il
n'avait pas oublié qu'il n'était que le chef provisoire
de l'Etat. La guerre avec l'étranger avait nécessité
sa nomination ; son premier soin fut de convoquer
à nouveau la nation pour l'élection de son président.

Malgré les menées des remuants de Guayaquil,
l'élection confirma ses pouvoirs et il fut nommé
régulièrement pour une période de quatre ans à la
présidence de la république.

Sans perdre une minute, Moreno se mit à l'œuvre
et la réforme commença.

La régénération d'un peuple comme celle d'un
ndividu exige un luxe de précautions, de prudence,
de clairvoyance et de fermeté. Ces qualités maîtresses, nous savons que Moreno les possédait à un
rare degré. Il les mit toutes au service de sa patrie,
avec un à-propos, un bonheur, un succès qui n'ont
jamais été dépassés.

Cette première période de son gouvernement fut
une période de réforme de tous les points défectueux

du système qui jusqu'alors avait prévalu. Depuis des années, l'Equateur avait été gouverné par des tyrans et des incapables. Le pays n'avait pas de maître dans le beau et bon sens du mot. Garcia Moreno devait être le sien.

N'est pas maître qui veut, et surtout n'est pas maître celui qui croit l'être parce qu'il possède le commandement. Le vrai maître est cet homme de cœur et de conscience qui se sent responsable du corps et de l'âme de ceux qu'il enseigne et gouverne. Garcia Moreno avait en lui les qualités et les ressources nécessaires pour faire un maître parfait.

Avant tout, c'était un maître chrétien. Il avait à faire l'éducation du peuple équatorien, cette éducation serait chrétienne. Un sentiment religieux et vrai dominait tous les actes du nouveau président : le vrai Maître, le seul Maître, c'est Dieu, et ceux qui tiennent sa place doivent toujours commander et agir en son nom. Leurs caprices, leurs intérêts, leurs sympathies, leurs ressentiments n'ont droit à aucun égard. Ils sont au pouvoir pour faire respecter la loi divine. A ce prix-là seulement, ils sont dignes de leur mission.

Tout le programme de Garcia Moreno pourrait être concentré dans la première réponse du catéchisme qui est dans le cœur et sur les lèvres de tous les petits enfants catholiques. Moreno savait son catéchisme ; il l'avait appris à fond. Tout jeune encore, sur les genoux de dona Mercédès, il avait bégayé la sublime parole qui lui avait révélé le dernier mot de la vie : Pourquoi Dieu vous a-t-il créé et mis au monde ? — Pour le connaître, l'aimer, le servir et par ce moyen acquérir la vie éternelle. Il avait trouvé là-dedans tout un mode de gouvernement. Les nations, aussi bien que les individus, ont été créées pour le même but.

Là-dessus donc, Moreno avait fait son plan. Le peuple équatorien connaîtrait Dieu, il l'aimerait, le servirait, et c'est par ce service fécond qu'il arriverait plus sûrement à ses immortelles destinées.

Un de ses premiers soucis fut celui de l'instruction publique. Dans ce pays lointain et nouveau, les maîtres, les maîtres chrétiens surtout, manquaient à la jeunesse équatorienne. Moreno fit venir des maîtres de France. Il fit appel au dévouement des religieuses et des religieux français, toujours prêts à accourir auprès de ceux qui veulent bien accepter leurs services.

Toutes les classes de la société bénéficièrent de cette mesure. La France catholique a des ressources pour toutes les infirmités et toutes les ignorances. Les Jésuites, réinstallés à Quito, on s'en souvient, virent s'augmenter leurs brillants collèges, avec la confiance des hautes classes de la société. Les Dames du Sacré-Cœur firent pour les jeunes filles ce que les fils de saint Ignace avaient fait pour les jeunes gens. Les Frères des écoles chrétiennes, les Sœurs de charité ouvrirent des écoles pour le peuple ; tous trouvèrent à l'Equateur un vaste champ pour leur zèle.

Non seulement les écoles, mais les hôpitaux, les prisons furent remis entre les mains des bonnes Sœurs ou des humbles religieux qui ne demandaient d'autre liberté que celle de soigner, de consoler, d'encourager leurs frères dans la personne des pauvres, des malades, des coupables et des malheureux, car Garcia Moreno avait pris pour devise une parole qui laissait le champ libre à tous les dévouements : « Liberté pour tout et pour tous, excepté pour le mal et les malfaiteurs. »

Seulement, pour soutenir, encourager, fonder tant d'établissements nouveaux, il y a une ressource indispensable qui manque souvent aux plus dévoués ; cette ressource, c'est l'argent. Pour en avoir suffisamment, Moreno ne pouvait à aucun prix exiger de plus forts impôts dans un pays à moitié ruiné par la guerre civile et les révolutions. Comment donc subvenir à tant de besoins pressants ?

En employant le moyen le plus simple, le plus fécond, le plus pratique, auquel cependant peu de personnes ont recours dans les temps difficiles. La recette a fait depuis longtemps ses preuves, mais peu consentent à en essayer.

Quand un individu possède un certain revenu et des dettes plus considérables que son avoir, que pourrait-il bien faire pour équilibrer son budget ? La réponse est à la porté de chacun. Le bonhomme doit commencer par apprendre l'arithmétique.

L'arithmétique ! Cette science aride des chiffres à laquelle tant d'écoliers mordent en faisant la grimace, devrait être pourtant, après les commandements de Dieu et de l'Eglise, l'arbitre né pour trancher toutes les difficultés domestiques. Savoir compter, économiser, dépenser à propos n'est jamais une petite vertu !

Compter, pour savoir ce qu'on possède ; compter, pour ne pas dépenser ce qu'on ne possède pas ; compter, pour faire toujours les dépenses utiles et supprimer les superflues n'est pas plus une petite

Les Frères des Écoles chrétiennes ouvrent des écoles (Page 103).

science dans l'Etat que dans la famille. C'est à cette science que Garcia Moreno demanda les ressources nécessaires pour faire face à la situation.

Il commença naturellement par écarter les fonctionnaires inutiles et malhonnêtes qui pillaient la caisse sous prétexte de la protéger. Naturellement aussi, il se fit des ennemis. Quand on jette une pierre au milieu d'un troupeau, la bête qui est atteinte crie. Mais cette considération n'était pas faite pour le décourager. De plus, il exigea des fonctionnaires en place un ordre, une régularité, une honnêteté absolus.

Tous, depuis le premier au dernier, et le président prêchait d'exemple, devaient être à leur bureau sans désemparer de dix heures à cinq heures du soir. Un retard, une absence non excusée et le délinquant était immédiatement remplacé. Les comptes étaient scrupuleusement revus et vérifiés. Une erreur de cinq centimes n'eût pas passé inaperçue.

Pour donner l'exemple du désintéressement, Moreno, qui avait épousé une femme riche, mais n'avait aucune fortune personnelle, ne profita pas d'une piastre de son traitement annuel. Ce traitement était de douze mille piastres. Il faisait remise

de six mille francs à l'Etat, et affectait le reste à des
œuvres de charité.

Après avoir tenté de réorganiser les écoles et les
nances, il restait à apprendre l'ordre et la discipline
l'armée.

Lors de son aventure de Riobamba, le président
avait compris mieux encore qu'il fallait en finir une
fois pour toutes avec ces soldats mécontents et
indisciplinés qui se croyaient au-dessus des lois et
du gouvernement et destituaient par antipathie ou
par caprice le chef de l'Etat lorsqu'ils croyaient avoir
à s'en plaindre. Moreno fit les règlements les plus
sévères. La plus petite révolte, le moindre acte
d'insubordination furent punis comme ils le méri-
taient. Il n'en fallait pas tant pour intimider les
coupables et faire renaître l'ordre.

Tout d'abord on ne crut qu'à demi à la fermeté du
président. On le connaissait si bon, si bienveillant,
qu'on redoutait peu sa justice. Les Equatoriens ne
savaient pas encore que la fermeté est la première
vertu de l'autorité et qu'un pays où le mal est puni et
où le bien s'opère librement est le pays de la vraie
liberté. Moreno resta toujours fidèle à sa devise :
**Liberté pour tous et pour tout, excepté pour le mal
et les malfaiteurs.**

Une des plaies de l'armée, c'était la désertion. Moreno fit publier solennellement dans les casernes que le premier soldat qui quitterait son poste serait immédiatement fusillé.

Le jour qui suivit cette proclamation, trois jeunes recrues, sans tenir compte de l'avertissement, persuadées d'ailleurs que la menace serait vaine, s'enfuirent du camp. Les soldats furent repris le lendemain et fusillés séance tenante. A partir de cette exécution, il n'y eut plus de lâches dans l'armée et plus un seul soldat ne déserta son poste.

En opérant toutes ces réformes, Garcia Moreno avait avisé au plus pressé. Il acheva son œuvre en faisant avec le Pape Pie IX un concordat qui unissait pour le plus grand bien du peuple les forces de l'Eglise et de l'Etat.

Un archidiacre de Cuença, don Ignacio Ordonez, fut envoyé à Rome pour traiter cette affaire délicate, et lorsque le Concordat fut signé, on en lut les articles dans l'Eglise de Quito. Le chant du *Te Deum* et des salves d'artillerie annoncèrent à cette nation catholique que le drapeau de l'Equateur, et la bannière pontificale, abriteraient désormais un peuple qui pouvait donner au monde entier le spectacle unique de l'entente absolue avec la sainte Eglise ro-

maine. Le clergé et les pieux fidèles accueillirent
cette nouvelle avec joie ; mais tant d'actes contre le
mal et la révolution devaient nécessairement exciter
la rage des ennemis de l'Eglise, des impies et des
traîtres, et nous verrons dans le chapitre suivant
que le courageux président n'était pas encore au
bout de ses luttes et de ses combats.

X

LE ROMAN DE JAMBELI

Quel chef d'Etat a jamais pu se vanter de contenter tout le monde ?... Il n'y en a pas et il n'y en aura jamais. Garcia Moreno avait pris à tâche de contenter les bons, les amis de l'ordre et du bien de sa patrie ; mais il n'avait nullement la prétention de satisfaire ses adversaires, qui lui faisaient sans cesse une sourde opposition en attendant l'occasion de tenter un hardi coup de main.

Parmi ces opposants, nous retrouvons toujours à leur tête le vieux conspirateur Urbina. Exilé au Pérou, il entretenait des relations avec tous les ennemis de Garcia Moreno. Il tentait de susciter à l'Equateur quelques démêlés avec les pays voisins : la Colombie et le Pérou. Il excitait la jalousie, exploitait la haine des républiques rivales, et surtout ménageait soigneusement les mécontents et les révoltés de Guayaquil, ce foyer de discorde et d'opposition qui n'était jamais éteint qu'à demi.

On peut ajouter à cette liste d'adversaires quelques membres rebelles ou coupables du clergé que le Concordat voulait réformer, ainsi que certains ennemis personnels du président, jaloux de sa popularité ou blessés de sa fermeté à condamner tous les abus, tous les désordres, sans tenir compte des considérations de rang, de fortune ou de faveur qu'il mettait toujours au-dessous des principes.

Parmi ces ennemis personnels, plus occupés de satisfaire leur cause particulière que celle du pays, il faut citer le général Maldonado qui intriguait sans cesse auprès des officiers de la garnison de Guayaquil pour provoquer un soulèvement.

Garcia Moreno eut vent de ces manœuvres, et il reprocha ouvertement au général sa participation à la trahison.

Maldonado se défendit de son mieux.

« C'est bien, général, lui répliqua le président. Pour cette fois, je vous pardonne. Mais, retenez-le bien : si je vous reprends à conspirer, tout général que vous êtes, je vous ferai fusiller sur la place de Quito. »

L'avertissement ne fut pas retenu.

Peu de temps après, les conjurés complotèrent de nouveau. Ils s'étaient enhardis ; ils ne voulaient rien moins qu'assassiner le président. Un des leurs, vaincu par le remords, vint, quelques heures avant l'exécution du crime, en informer Garcia Moreno. Celui-ci vole à la caserne, fait arrêter l'officier de garde et lui dit, sans lui donner le temps de se reconnaître : « Je vous donne cinq minutes pour me révéler le nom de vos complices ; sinon, vous serez fusillé comme un traître que vous êtes. »

L'officier ahuri s'exécuta. Les coupables furent arrêtés et jetés en prison ; mais le général Maldonado s'était enfui dans les bois, où il demeura deux mois.

Pendant ce temps Urbina, profitant du trouble de la province, équipait des vaisseaux péruviens pour surprendre l'Equateur.

De deux côtés l'horizon était menaçant. L'étranger allait envahir Guayaquil ; et les traîtres, les révolutionnaires de l'intérieur faisaient cause commune avec eux. Moreno comprit qu'il fallait faire un exemple : « Que Maldonado se cache bien, disait-il, car, si je le retrouve, il faudra que justice se fasse ! »

Par une coïncidence étrange, le jour même où les soldats d'Urbina mettaient le pied sur le sol équatorien, le fugitif fut fait prisonnier. Découvert dans une hacienda des environs de Guayaquil, il fut amené sous bonne escorte dans les prisons de Quito.

Cette capture terrifia les révolutionnaires, mais elle n'ébranla qu'à demi leur audace.

Maldonado avait eu des vertus militaires, il avait fait ses preuves de bravoure, et jamais, pensait-on, le président n'oserait faire exécuter la menace de mort faite quelque temps auparavant.

Maldonado lui-même se berçait de cet espoir. Plein de morgue et d'orgueil, sans repentir de sa double trahison, il se croyait sûr de l'impunité; lorsqu'il vit entrer dans sa prison le président lui-même, qui, d'un accent triste et ferme, tâcha de lui inspirer le regret d'un crime que toute sa gloire passée n'excusait pas.

Le général ne voulut rien entendre, et Garcia Moreno dut, avant de le quitter, lui annoncer la douloureuse nouvelle : « Général, lui dit-il, repentez-vous et préparez votre âme à paraître devant Dieu, car demain, à cinq heures, vous aurez cessé de vivre ! »

Ce jugement qui coûtait à son cœur lui paraissait

nécessaire pour le salut de son pays. Entre un
homme et la patrie, le président ne se croyait pas le
droit de choisir. Si Maldonado ne subissait pas sa
peine, la révolution triomphait. Dans une circonstance aussi délicate, il fallait l'énergie de Garcia
pour exercer la justice qui n'est pas moins un attri-
but de l'autorité que la miséricorde.

A ces paroles de son chef, les illusions du prisonnier tombèrent. Il sentit qu'il était perdu, demanda un prêtre et se prépara au funèbre lendemain
que le président avait annoncé.

Le 30 août 1864, on échelonna les troupes du colonel Dalgo, de la prison jusqu'à la place de l'exécution. Le peuple stupéfait, terrifié, se pressait sur
le pas des portes, aux fenêtres, se demandant tout
bas si cet appareil lugubre aurait un lugubre dé-
nouement. On croyait encore que les préparatifs de
l'exécution n'étaient faits que pour rendre plus
solennel le décret de grâce que plusieurs espéraient
encore.

La femme de Maldonado fut admise auprès du
condamné pour lui faire ses adieux. A sa vue, l'é-
motion redouble. La foule sous l'impression de ce
moment redoutable, mobile et changeante comme
elle l'est toujours, désire la grâce du traître. Le mot :

grâce circule de bouche en bouche, les révolutionnaires, les amis secrets du révolté espèrent encore.
Non, ce n'est pas possible ; Maldonado ne mourra
pas.

Pendant ce temps, Garcia Moreno, qui soupçonne
ce revirement de l'opinion publique, a fait consi-
gner sa porte. Il ne doit pas, il ne peut pas faire
grâce, et seul contre la multitude, il prend la responsabilité de l'arrêt qu'il a porté.

Un de ses amis veut forcer la consigne. Il le fait
garder à vue dans son antichambre. Cinq heures
vont sonner. C'est l'heure de la justice ; mais le colonel Dalgo, troublé par ces bruits de grâce, hésite,
et envoie un émissaire au Président pour prendre
ses derniers ordres. Moreno sent qu'il est temps d'en
finir.

« Dites au colonel Dalgo, répond-il au messager,
que si je n'entends pas à cinq heures le sifflement
des balles du peloton d'exécution, ce sera lui qui
sera fusillé. »

Le jugement était bien sans appel. Quelques minutes plus tard, le général Maldonado, coupable de
trahison envers son chef et sa patrie, avait cessé
de vivre, et Garcia Moreno, fort de sa **conscience de**
juge, traversait seul, la tête haute, la place de

Quito où il avait quelques travaux à surveiller. Pas une seule parole de blâme n'osa s'élever en sa présence. Une fois de plus, la révolution avait dû baisser pavillon devant l'énergie d'un seul homme.

Les événements, les réformes, les exploits dont nous venons de parler avaient occupé quatre années. La première période de la présidence de Garcia Moreno allait se terminer, et, d'après la constitution, il n'était pas rééligible immédiatement. Cet article désastreux de la loi équatorienne allait mettre de nouveau le pays à deux doigts de sa perte.

Naturellement, les Urbinistes comptaient sur ce moment pour reprendre l'offensive. Dans les pays républicains, les années d'élections ne sauraient être des années de calme. Aussi, les semaines qui précédèrent le mois de mai 1865, fixé pour la nomination d'un nouveau Président, furent de nouveau une époque d'agitation et de trouble que Garcia Moreno sut traverser.

Deux candidats se trouvaient en présence :

Un meneur, un radical, un révolutionnaire de Guayaquil, soutenu par les Urbinistes, nommé Don Pedro Carbo. Un conservateur, Don Géronimo de Carrion, soutenu par le gouvernement, homme bon, religieux, ami de l'ordre, mais qui était appelé

à une succession difficile. Après Garcia Moreno, il
était presque impossible à un homme de bonne volonté d'être à la hauteur de la situation. Le génie ne
s'improvise pas, et l'Equateur était dans un état qui
exigeait un homme de génie.

Le peuple nomma le candidat soutenu par Moreno. Elever celui qu'il désirait voir au pouvoir,
c'était lui donner à lui-même une nouvelle preuve
de confiance. Don Carrion eut pour lui vingt-trois
mille suffrages, tandis que l'homme d'Urbina n'en
put conquérir que huit mille. Cet insuccès augmenta
la rage des révolutionnaires qui crurent le moment
favorable pour tenter un coup de main désespéré.

Pendant que Maldonado tombait sous les balles
des soldats exécuteurs d'une juste sentence, le général Florès, qui avait eu dans son temps ses heures
de défaillance, rachetait courageusement sa conduite première par une mort héroïque. Il se mettait
à la tête des troupes qui marchaient contre le Pérou,
soudoyé par Urbina. Il fut surpris en mer par le
mal qui minait depuis quelque temps sa robuste
constitution. Bientôt de vives souffrances lui firent
comprendre que la fin approchait. Il vit venir la
mort en soldat et en chrétien.

Sur son lit de douleur, il interrogeait ses officiers

sur la marche de l'ennemi et oubliait ses souffrances pour ne songer qu'à son pays : « Est-il vrai, demandait-il à son aide de camp, que nos troupes ont repris Santarosa? — Oui, mon général. — Et nos soldats, se sont-ils bien battus? — Oui, mon général. — Alors tout est bien. Maintenant je puis mourir. »

Sa dernière parole fut une invocation à Notre-Dame de la Merci, la protectrice officielle de l'armée équatorienne.

Une fin pareille rachetait bien des oublis. Garcia Moreno pleura sur le héros, qui devait, quinze jours plus tard, dans une circonstance unique, faire un vide encore plus grand et être regretté doublement.

En effet, la mort de Florès, l'élection de Carrion, inspirèrent à Urbina un étrange coup d'audace, et si nous avons intitulé ce chapitre : *le Roman de Jambeli*, c'est que la défense et la victoire de Garcia Moreno eurent une issue si heureuse, si romanesque et si inattendue, qu'elle rappelle presque le temps des bonnes fées qui créaient des ressources d'un coup de leur baguette et changeaient, pour les besoins de leur cause, les pavés en louis d'or, les citrouilles en carrosse et les souris en chevaux blancs.

Garcia Moreno avait fait ses preuves comme général de l'armée de terre. Nous allons le retrouver dans un combat naval qui prouva mieux que ses autres aventures l'universalité de son génie, la hardiesse et la rapidité de ses décisions dans les moments difficiles.

Le petit pays de l'Equateur ne possédait qu'un seul vaisseau de guerre, le *Guayas*, qui mouillait habituellement dans le port de Guayaquil.

Un navire marchand, le *Washington*, s'étant approché un soir d'une petite île du fleuve, une cinquantaine de partisans d'Urbina cachés dans l'île et, du reste, en connivence avec le capitaine auquel ils avaient fait compter un millier de piastres, s'emparèrent du *Washington* et vinrent silencieusement à la rencontre du vapeur qui n'avait aucune raison de soupçonner la marche du navire marchand, et crut simplement à une fausse manœuvre du capitaine.

Le *Guayas* s'apprêtait même à porter secours au *Washington*, lorsque les Urbinistes se précipitent à l'abordage, massacrent le commandant et les marins désarmés et, attachant le *Guayas* à la remorque du *Washington*, l'entraînent en pleine mer en s'adjoignant un troisième vaisseau, le *Bernardino*, pour aller se grouper dans la rade de Jambeli, à sept ou huit lieues de Guayaquil.

Moreno sans s'arrêter, parcourt en trois jours, avec son aide de
camp... (Page 123.)

Lorsque le son du canon réveilla en sursaut les habitants de la ville, le coup était fait. Urbina et Franco, à la tête d'une petite armée, envahissaient le pays du côté de Santarosa, tandis que la flottille volée s'apprêtait à bloquer le port. Les Equatoriens pris entre deux feux, sans moyen de défense du côté de l'Océan, devaient nécessairement succomber dans la lutte.

Tel ne fut pas l'avis de Garcia le Grand.

Un courrier expédié à Quito y parvint à marches forcées, au bout de trois jours, pour lui apporter la nouvelle.

Moreno, convalescent d'une maladie de foie, était à la campagne dans l'hacienda de Chillo chez son ami Jean Aguirre. Le courrier y arrive au milieu de la nuit.

Moreno se lève, monte à cheval, retourne à Quito, écrit quelques décrets qui devaient paraître le lendemain dans le journal officiel et, sans dire mot à qui que ce fut, sans se reposer, sans s'arrêter, parcourt en trois jours, avec son aide de camp, les quatre-vingts lieues de montagnes qui le séparent le Guayaquil.

La ville révolutionnaire n'était mécontente qu'à demi de l'audacieux coup de main d'Urbina. Les conseillers, ennemis de Garcia Moreno, se frottaient les mains et faisaient maintes réflexions désavantageuses sur l'ancien Président.

Après tout, disaient-ils, Moreno était bien un peu despote. Il poussait ses adversaires à bout, faisait toujours comme il l'entendait. Cette fois, il ne sortirait pas d'un guet-apens si habilement conduit. Moreno était vaincu d'avance. Urbina serait le vainqueur, et la foule, la populace, se tournait déjà vers ce soleil levant dont les rayons faisaient mûrir des projets ambitieux dans le cœur des habitants de la remuante Guayaquil.

Pendant que ces propos s'échangeaient tout bas dans la salle du conseil, alors que l'on croyait le Président à Quito à peine informé de l'aventure, la porte s'ouvre et un conseiller annonce d'une voix vibrante : « Garcia Moreno, le Président ».

Son entrée fut un coup de foudre qui arrêta sur les lèvres tous les commentaires. Les conseillers, tout penauds, rentrèrent un à un chez eux et purent le lendemain lire les affiches que l'intrépide Président avait fait appliquer sur les murs de tous les bâtiments publics.

C'était un décret qui traitait de pirates les voleurs du *Guayas*, du *Washington* et du *Bernardino*. Ce dé-

cret autorisait tous les vaisseaux à les poursuivre
comme tels. Les pirates pris en flagrant délit devaient être jugés verbalement sans autre procédure
et punis séance tenante. L'armée de terre était mise
en campagne et Garcia se chargeait en personne de
son commandement.

L'anxiété et la curiosité accueillirent cette proclamation. L'anxiété ! parce que la plupart des gens
de Guayaquil avaient plus ou moins trempé dans le
complot et qu'ils connaissaient la fermeté de leur
chef. La curiosité ! car, s'il est facile d'écrire et d'af-
ficher des décrets pour condamner les voleurs, il
est moins facile de les poursuivre, quand les voleurs
en question louvoyent sur l'Océan Pacifique et que
la gendarmerie, sans le plus petit radeau, les re-
garde du rivage.

Tel était le sujet des réflexions des bonnes gens
de Guayaquil, auxquelles Garcia Moreno ne confiait
pas ses secrets.

Presque chaque jour des vaisseaux étrangers stop-
paient dans le port de Guayaquil. Dans une circonstance aussi désespérée, le droit des gens permettait
d'emprunter leurs secours pour poursuivre les
pirates. Tel était le plan de Garcia Moreno.

Il avait fait chercher le consul anglais et lui avait

demandé de lui céder le vapeur *Le Talca* afin de poursuivre les voleurs. Le consul y consentit ; mais, en vrai Anglais qui ne saurait jamais perdre de vue le côté financier et commercial d'une affaire, il songea que le *Talca* courait gros jeu dans une si périlleuse entreprise, et il exigea le prix de la valeur du bâtiment : un million deux cent cinquante mille francs.

C'était exorbitant ! Garcia Moreno ne marchanda pas.

A peine le marché fut-il conclu, que le capitaine du *Talca* voulut à son tour mettre des bâtons dans les roues. Il prétendait que le consul n'avait pas le droit de vendre son vaisseau ; que, lui vivant, il garderait intact le pavillon britannique, et qu'on lui passerait sur le corps avant de toucher à son drapeau.

Déjà, on avait entrepris l'armement du bâtiment. Moreno, l'éclair dans les yeux, coupa court aux difficultés : « Ou bien, dit-il au capitaine, vous cesserez une opposition déloyale puisque j'ai payé le prix du *Talca*, ou bien, je vous fais fusiller à l'instant même. Votre drapeau dont vous parlez mal à propos vous servira de linceul. Choisissez ! »

Le capitaine se le tint pour dit.

En visitant la machine, le Président s'aperçut qu'elle était fort endommagée. Il fit saisir les deux mécaniciens et leur ordonna sous peine de mort de réparer le dégât.

Le projet d'aller au devant des pirates dans le port de Jambeli paraissait si insensé qu'il fallut payer au poids de l'or les marins et un machiniste. Quant aux soldats, Garcia ne leur dit qu'un seul mot. « Je ne veux pas de lâches avec moi. Que les braves se mettent à droite et les poltrons à gauche, afin que je puisse choisir. »

D'un même mouvement, tous passèrent à droite. Moreno fit un triage. Il choisit deux cent cinquante hommes avec leurs officiers et fit lever l'ancre, accompagné par les vœux du peuple conservateur et les malédictions secrètes des partisans d'Urbina.

Un petit brick, le *Smyrk*, servait d'éclaireur au *Talca*. Il était six heures du soir. Le lendemain, 26 juin, à huit heures du matin, la petite flottille reconnaissait les vaisseaux ennemis dans la rade de Jambeli.

Urbina et Roblez, à la tête des soldats péruviens, venaient de battre l'armée de terre. Ils étaient remontés sur le *Washington*, emmenant un certain nombre de prisonniers. Pris à l'improviste, les sol-

dats du *Guayas* ouvrent le feu et tournent toutes leurs
batteries contre le *Talca*. Celui-ci marche à toute va
peur ; ses défenseurs sont électrisés par cette parole
de Garcia Moreno : « Pas de décharges inutiles, l.
poignard à la main et, en avant ! » Le vapeur force
ses feux et file sans riposter sous une grêle de
boulets. Mais tout à coup, une détonation se fait
entendre. Une bombe partie du *Talca* vient d'ouvrir
un trou béant dans le flanc du *Guayas*. D'un coup
d'éperon formidable, le *Talca* agrandit la voie
d'eau, en même temps que les soldats se précipitent
à l'abordage, — Moreno à leur tête, — du vaisseau
en train de couler. et sabrent tout ce qui leur tombe
sous la main.

Quant au *Washington*, monté par Urbina, Roblez
et leurs troupes, il se tenait paisiblement à l'ancre,
presque à sec, à quelques mètres de la côte. Officiers
et soldats faisaient bombance pour célébrer la victoire de leur chef. Epouvantés du bruit du canon,
Urbina et ses hommes se jettent à la nage pour
gagner les bois voisins, sans avoir le temps d'em-
porter leur caisse où Moreno trouva une forte
somme, *en faux billets de banque*, ainsi que la correspondance secrète des traîtres de Guayaquil, qui
allaient être enfin démasqués.

On délivra les prisonniers faits la veille. Sauf le *Guayas,* qui venait de couler, toute la flotte était au pouvoir du gouvernement. Quant aux pirates, ceux qui n'avaient pas succombé dans la lutte furent gardés à vue, au nombre de quarante-cinq. Il ne s'agissait plus que d'en faire bonne et prompte justice.

Sur le bâteau même, Moreno institua un conseil de guerre.

Dix-sept prisonniers, enrôlés par force, furent graciés. Les vingt-sept autres, reconnus coupables, furent condamnés à mort. Un prêtre entendait la confession de chaque condamné et, de demi-heure en demi-heure, des détonations successives annonçaient que justice était faite. L'aumônier demanda grâce pour le vingt-septième. Le Président allait l'accorder, lorsqu'il vit que le coupable portait sur lui les insignes du commandant du *Guayas* que le misérable avait lui-même assassiné. Moreno ne jugea pas à propos de gracier l'assassin. Les malfaiteurs lui paraissaient moins dignes d'intérêt que leurs victimes. Il est du devoir des honnêtes gens de préférer celles-ci à leurs bourreaux !

Pendant cette scène rapide, les habitants de Guayaquil attendaient sur le rivage dans l'anxiété la plus

vive. Bientôt, on signala la flotte qui rentrait au
port. Chacun croyait voir sur le pont de *Talca*, Urbina
triomphateur. Mais un cri d'enthousiasme s'échappa
de toutes les poitrines, lorsqu'on aperçut Garcia
Moreno, debout, à la proue du navire. Le Président
avait abandonné Quito quelques jours auparavant,
malade, enfiévré et inquiet. Il revenait de Jambeli,
vainqueur et guéri. La victoire semblait lui donner
des forces nouvelles. Quant à Urbina, Jambeli fut sa
dernière campagne, du vivant de Garcia Moreno.
Le héros de l'Equateur avait dérouté tous ses projets, déconcerté tous ses plans, désorganisé l'armée
de ses alliés, les Péruviens ; mais sans pouvoir toutefois, puisqu'il s'était échappé, lui faire payer à lui
même le prix de toutes ses trahisons.

XI

HISTOIRE D'UN CORPS SANS TÊTE

PENDANT quatre années la république de l'E-quateur, exposée aux sourdes menées de la révolution, avait résisté courageusement au flot envahisseur, grâce à son héroïque chef. L'épidémie révolutionnaire avait attaqué tous les membres de ce corps robuste, qui trouvait en lui-même les ressources et les forces nécessaires pour faire reculer la contagion.

En temps de peste ou de choléra, deux sortes de personnes sont, pour ainsi dire, forcément atteintes par le mal qui décime tout autour d'elle : les gens d'une constitution faible et maladive qui semblent indiquer d'avance au fléau le point vulnérable, et les gens d'un naturel peureux qui, par suite d'une crainte exagérée, changent leur régime habituel, se refusent l'air, le soleil et la compagnie de leurs semblables pour s'éloigner davantage des lieux contaminés et finissent par trouver, dans ce luxe de précautions, le mal que leur prudence outrée voudrait par trop éviter.

Cette comparaison pouvait s'appliquer de tous points à la chère patrie de Garcia Moreno au moment où il venait de déposer le pouvoir pour le remettre entre les mains du Président Carrion. L'Equateur avait trouvé en Moreno un chef, une tête solide, faite pour mener de front le gouvernement du pays et la résistance à la contagion révolutionnaire. Cette tête allait lui manquer.

Carrion, honnête homme, bon chrétien, manquait de la vigueur, de la fermeté nécessaires pour continuer la sage politique de son prédécesseur. C'était là le point faible de ce corps encore entier. Lors de l'arrivée de Carrion à la Présidence, la tête devenait malade, et la chirurgie et la médecine, qui ont fait à notre époque d'incontestables progrès, n'ont pas encore découvert le secret de remplacer, même en simulacre, cette partie essentielle du corps humain. La chirurgie surtout fait de remarquables opérations. Elle est parvenue à remettre, et cela, de façon à tromper l'œil le plus exercé ! — des jambes de bois, des yeux de verre et des mains de

caoutchouc ; mais le génie moderne attend encore
l'inventeur de têtes mécaniques suffisamment orga-
nisées pour la conduite des autres membres. Quand
la tête manque, qu'elle souffre, que sa faiblesse
l'empêche de penser, c'est la mort, au moins mora-
lement. Lorsque le malade est sans connaissance, il
n'y a pas de témérité à penser et à dire que la fin
n'est pas loin.

De plus, la peur était là. Elle guettait à la porte du
nouveau gouvernement si malheureusement affaibli,
et elle paraissait toute disposée à prêter main-forte
à la révolution. Moreno n'avait eu peur de rien.
Fort de sa conscience et de son droit, il avait bravé
la mort, l'opinion publique, les fureurs de la multitude et il avait vaincu. Le nouveau gouvernement
voulut faire la paix avec ceux qui voulaient la
guerre. Il inaugura un système de concessions et de
faiblesses qui faillit compromettre à jamais l'œuvre
que Garcia avait eu tant de peine à édifier.

Cependant un grand nombre d'Equatoriens sentaient qu'en s'éloignant de Moreno et de sa politique, ils s'éloignaient du droit chemin.

Le congrès de 1865 lui rendit spontanément un
hommage mérité en lui refusant la permission de
quitter l'Equateur, ainsi qu'il en faisait la demande.

Pour faciliter la tâche du Président, Garcia proje-
tait de s'expatrier. Mais on sentait que, lui parti, la
révolution aurait ses coudées franches, et on le supplia de rester. Jamais peut-être et dans aucun pays,
un homme d'Etat ne reçut dans sa patrie un té
moignage plus flatteur de son influence pour le
bien.

Mais tout en affirmant que Garcia Moreno était
nécessaire à l'Equateur, le Président Carrion, au
lieu de s'inspirer de ses conseils, appela auprès de
lui des adversaires de l'homme qu'il admirait tant.
Carrion voulait réaliser un idéal que Moreno plus
sage n'avait jamais rêvé. Il tenta de contenter tout
le monde et, selon le sort ordinaire des personnes
qui entreprennent ce travail impossible, il ne con-
tenta personne.

Les conservateurs lui reprochaient avec raison
ses compromis et ses concessions ; les révolutionnaires lui en voulaient plus de ce qu'il leur refusait
qu'ils ne se montraient satisfaits de ses faiblesses
à leur égard, et ils finirent par obtenir le départ de
Garcia le Grand, qui devinait tous leurs plans et
démasquait toutes leurs sourdes menées.

Du reste, ils accomplirent leur projet tout doucement. Il s'agissait de faire patte de velours et de

lui ouvrir poliment la porte, sans trop faire crier les gonds.

Le Chili, en démêlé avec l'Espagne, avait rallié à sa cause toutes les républiques du Sud. Le Président Carrion imagina de faire avec ce peuple un traité de commerce et de navigation. Ce traité ne pressait guère et n'inquiétait personne. Carrion y mit du zèle et il nomma Garcia Moreno envoyé extraordinaire au Chili, pour conclure la négociation.

Moreno aimait le Chili. Il se sentait en communauté d'idées et de sentiments avec ce peuple catholique. Il accepta d'autant plus volontiers cette mission, qu'il avait pensé plus d'une fois que, s'il était libre de choisir, il ferait volontiers du Chili sa patrie d'adoption. Mais sa vie appartenait tout entière à l'Equateur, il ne la lui marchanderait pas!

Son frère Pablo, qui avait entrepris à Guayaquil un commerce important, s'indignait parfois des difficultés, des oppositions que le grand homme rencontrait un peu partout. Les manœuvres de ses adversaires, les complots des Urbinistes; tout cela était bien fait pour révolter un homme de cœur. Mais il y avait pire encore. Les ennemis politiques de Garcia Moreno étaient au moins dans leur rôle. Ce qu'il y avait de plus douloureux, n'étaient ce pas les lâchetés, les trahisons, les défaillances de ses amis, des conservateurs qui, tout en admirant ses grandes qualités, empêchaient le bien qu'il aurait pu faire, et cela, pour de petites questions d'ambition, de vanité, ou de mesquines rivalités ?

Pablo, l'aîné de la famille, ne lui ménageait pas ses appréciations. Lui qui avait mis tant de fois ses richesses considérables au service de son jeune frère, s'emportait parfois à la vue de son calme et de son désintéressement.

— Tiens! lui disait-il, puise dans ma bourse tant que tu voudras. Mais, je t'en prie, va donc vivre heureux et tranquille n'importe où, dans un pays éloigné de celui-ci où tu ne fais que des ingrats.

— Dieu ne m'a pas créé et mis au monde pour faire le bien n'importe où, mon frère, répliquait l'héroïque Président. Je le ferai à l'Equateur, en dépit des hommes et de leur méchanceté. Je mourrai sans doute, à la peine. Tant mieux! Laisse-mo remplir ma mission.

Du moment qu'il s'agissait de servir son pays, Garcia accepta donc immédiatement son départ pour le Chili.

Garcia Moreno, debout auprès du marche-pied, prenait dans ses
bras... (Page 141.)

Il devait s'embarquer à Guayaquil le 27 juin et avait reçu l'instruction de s'arrêter à Lima, dans la capitale du Pérou, pour une affaire du gouvernement.

Les révolutionnaires jubilaient. Ils avaient indignement comploté contre la vie de Garcia Moreno. Ils en étaient persuadés, le ministre plénipotentiaire ne reviendrait pas du Chili.

Déjà plus d'une fois, on le sait, ils avaient eu la pensée de l'assassiner. Cette pensée secrète durait toujours. Néanmoins le secret ne fut pas très bien gardé.

Quelques jours avant le départ, une dame fort respectable arrivait de Lima et demandait à parler à Garcia Moreno.

On l'introduit et elle révèle à l'ancien Président qu'elle a entendu proférer contre lui des menaces de mort. Les réfugiés du Pérou sont capables de tout. Urbina ne cesse de les exciter et elle l'engage à ne descendre dans la capitale que sous bonne escorte.

Moreno l'avait dit cent fois à ses amis. Si Dieu voulait sa vie, il était prêt à la donner. Il n'était pas homme, on le sait, à reculer devant le danger.

Cette disposition de son âme était d'autant plus

admirable qu'il avait à lutter contre la tendresse des siens. La famille du Président tremblait sans cesse pour ses jours. Et qui ne sait combien il est plus facile de supporter les angoisses qui doivent nous atteindre seuls, que celles qui menacent de faucher en plein bonheur les espérances de ceux que nous aimons !

D'ailleurs, dans son foyer domestique, Moreno avait déjà été cruellement atteint. Il avait perdu sa femme, la senora Rosa Ascasubi qui ne lui avait laissé qu'un fils. Le petit Gabriel, tout jeune encore lorsqu'il perdit sa mère, ne pouvait guère se passer des soins et de l'affection d'une femme tendre et dévouée. Pour lui, Garcia Moreno consentit à un second mariage. Il demanda la main d'une nièce de sa première femme, la senora Marianna de Alcazar.

La mère de la jeune fille, qui estimait grandement l'honneur de cette alliance, redoutait toutefois pour sa fille le partage d'une existence aussi tourmentée que celle d'un homme d'État toujours menacé de la foudre. Mais la jeune fille était à la hauteur de ce caractère ferme et doux. Elle avait accepté d'associer sa vie à celle de Garcia le Grand ; toutefois sa tendresse pour son mari était une ten-

dresse alarmée. Elle avait du reste fait avec lui
l'apprentissage de la souffrance. Leur unique enfant, une petite fille de quatre ans, était morte entre
les bras de la jeune mère désolée.

Quand on connaît le malheur, on le redoute doublement. Garcia Moreno devait donc s'aguerrir non
seulement contre ses propres craintes, mais encore
contre les larmes qu'il faisait couler.

Mais sa confiance en Dieu était si profonde, qu'il
négligeait les plus vulgaires précautions contre les
assassins que sa famille et ses amis, dans leur tendresse inquiète, croyaient voir à tous les coins de rue.

Il partit pour le Chili avec un parent, Ignacio de
Alcazar ; un secrétaire, Pablo Herrera, le fils de
Pablo, alors âgé de quatorze ans, et une petite
nièce de huit ans qui se rendait à Valparaiso. L'es-
corte était mince ; mais la foi et l'abandon à la
Providence divine peuvent servir de bouclier.

Le 2 juillet, vers midi, le train qui portait Garcia
Moreno entrait en gare de Lima. Ignacio de Alcazar
descendait le premier pour serrer la main à un
jeune attaché d'ambassade qui venait à leur rencontre. Garcia Moreno, debout auprès du marche-
pied, prenait dans ses bras la petite fille pour la
déposer sur le quai.

Au même moment, une voix se fait entendre. On entend confusément les mots de *brigand, assassin,* et deux coups de feu partent presque en même temps. Un individu nommé Viteri, parent d'Urbina et frère d'un des pirates de Jambeli, venait de tirer à bout portant deux coups de revolver qui trouent le chapeau de Garcia Moreno en le blessant légèrement.

Atteint au front et à la main droite, il saisit son pistolet pendant qu'un ami accourt pour le dégager. De son côté, Ignacio de Alcazar tombe sur Viteri, le frappe à coups de crosse de revolver et le blesse à la tête. Etourdi du coup, Viteri lâche prise. Un de ses compagnons décharge de nouveau son arme et lui-même, remis de sa secousse, envoie une seconde fois deux balles sur Ignacio de Alcazar.

Cette horrible scène avait duré quelques secondes. Comme toujours, la police était partout, excepté là où elle aurait dû être. On s'assemble, on s'émeut, pendant que les meurtriers se sauvent. Enfin, un officier arrive, fait le moulinet avec son sabre, et blesse grièvement Don Ignacio de Alcazar. Le Préfet de Lima accourt, se fait remettre les armes de Moreno et de son parent, qui fait remarquer qu'il vaudrait mieux désarmer les assassins que leurs victimes, tandis que le Président de la République du Pérou envoie sa voiture pour faire transporter Garcia Moreno au palais de la Présidence.

Lorsque sa propre vie était seule en cause, Moreno n'était pas l'implacable justicier que tout le monde connaissait. L'arme qu'il venait de remettre au Préfet était chargée de toutes ses balles. Au lieu d'user de son droit de légitime défense, il s'était contenté de saisir le bras de l'assassin pour lui épargner un crime.

Le peuple de Lima était consterné. Le Président fit traiter Garcia Moreno avec tous les égards dûs à son rang et à l'odieux attentat que la conscience publique réprouvait. Mais, au Pérou comme à l'Équateur, la devise : *Liberté pour tout et pour tous, excepté pour le mal et les malfaiteurs*, n'avait pas force de loi.

Les révolutionnaires étaient secrètement approuvés. On attendit que l'émotion de ce drame sanglant fût un peu calmée, on traîna en longueur le jugement de Vitéri ; assez, pour que ce misérable osât venir raconter en plein tribunal la fable la plus audacieuse. Il se trouvait, dit-il, par hasard à la gare de Lima et, en apercevant Moreno qui avait fait *assassiner* son frère à Jambeli, sur le pont du *Talca*,

il avait été saisi, sans trop s'en rendre compte, d'une
vertueuse indignation. Il s'était approché, avait
proposé un duel au Président et celui-ci, pour toute
réponse, s'était précipité sur son interlocuteur, le
revolver au poing. L'innocent Viteri était devenu
la victime et Garcia Moreno le meurtrier.

Les juges valaient-ils beaucoup mieux que le brigand qui inventait après coup un pareil roman? Il
est permis d'en douter. Ils jugèrent bon d'admettre
cette savante explication. Les amis de Garcia Moreno, témoins et acteurs dans l'aventure, furent
récusés comme trop intéressés dans la question, et
l'assassin fut acquitté. A Lima comme à Guayaquil,
le corps n'avait pas de tête.

Remis de ses blessures, Garcia le Grand partit
pour le Chili et il revint de sa mission au bout de
six mois, après avoir étonné la haute société chi-
lienne par l'étendue de ses connaissances et ses
hautes facultés diplomatiques. Sa mission réussit au
delà de toute espérance. Toute la noblesse de San-
tiago s'éprit de ce beau et noble caractère et comprit
l'horreur qu'il inspirait aux révolutionnaires. C'est
qu'il était le seul homme assez fort pour leur résister.
Ils n'allaient pas tarder à en faire l'expérience définitive.

XII

LA FIN DE LA LUTTE

Après sa mission du Chili, Garcia Moreno rentra dans la vie privée. Son pays ne réclamait plus son dévouement; il n'était pas homme à le lui imposer.

D'ailleurs, il était temps vraiment de songer à ses affaires personnelles. Jusqu'à ce jour, les besoins de l'Etat, du gouvernement, l'avaient absorbé. On lui laissait des loisirs. Il songea, en bon père de famille qu'il était, à les utiliser en pensant à l'avenir de son fils unique, le jeune Gabriel, alors âgé de quatorze ans.

Le commerce si prospère de son frère Pablo, à Guayaquil, semblait lui indiquer la marche à suivre pour mettre sa famille au-dessus des craintes et des soucis matériels. Garcia Moreno s'établit dans cette dernière ville avec l'intention bien arrêtée de fermer les yeux sur la politique et les politiciens, et de consacrer à son devoir d'homme privé les hautes facultés que Dieu lui avait départies.

Lorsque le dégoût des hommes et des choses se fait jour dans un cœur que l'ambition ne soulève pas, la fuite des affaires publiques et des mille blessures que le contact des imperfections humaines multiplie à l'infini, devient souvent un besoin, quelquefois une tentation. Il est très doux de rester chez soi, de faire ses petites affaires, de critiquer au coin de son feu les actes ou les paroles de ceux qui sont dans la mêlée, et de se frotter les mains en disant bien haut : « Moi ! je ferais ceci. Moi ! je dirais cela. Il est vrai que la position est un peu difficile. Tant pis pour eux ! Qu'ils s'en tirent ! »

Cette tentation, malgré son énergie et sa confiance en Dieu, Garcia Moreno la connut.

Qui n'a pas entendu parler de cet affreux supplice chinois, lequel consiste à enfermer le condamné dans une cage trop courte et trop étroite, hérissée à l'intérieur de pointes de fer faisant saillie ?

La position d'un homme d'État soucieux de sa mission lui rappelait l'horrible caisse inventée par la cruauté des mandarins. De quel côté que l'on se retourne, cela blesse, cela pique, cela donne envie de crier. Moreno était trop heureux de sortir de la cage et ce sentiment fut si vif, qu'il se promit à lui-même de n'y plus jamais rentrer.

Mais, faites promettre à un homme de cœur qu'il ne se jettera pas à l'eau et conduisez-le, pour l'éprouver, au bord de la rivière, en face d'un malheureux qni se noie. Vous saurez alors le cas qu'il faut faire de vos recommandations et de son serment.

Ce fut ce qui arriva à Garcia Moreno.

Le président Carrion, avec une épouvantable faiblesse, s'enfonçait chaque jour de plus en plus dans le flot révolutionnaire. Il entraînait avec lui dans le gouffre le pays tout entier. Le moment était venu de nommer les sénateurs. Quito choisit Garcia Moreno pour son représentant. Il n'en fallut pas plus pour faire évanouir ses désirs de repos et le rejeter dans la lutte.

Il fut nommé à une écrasante majorité. Les Urbinistes jetèrent un cri d'alarme. Voir leur ennemi intime siéger de nouveau au palais leur causait des sueurs froides. Heureusement pour eux, une bande de francs-maçons n'est jamais à bout d'expédients; ils résolurent d'un commun accord de faire annuler l'élection.

Le tout était de trouver un prétexte honnête. Ces gens-là ne sont pas embarrassés pour si peu. L'attentat de Viteri à Lima leur fournit ce qu'ils cherchaient. Garcia Moreno n'était-il pas sous le poids d'une accusation d'assassinat? Cette prévention suffisait pour l'exclure des conseils de la nation.

Ce ridicule motif fit sur les faibles sénateurs l'effet d'une merveilleuse découverte. Un seul, le docteur en droit Mota, ennemi personnel de Garcia Moreno, fit preuve de loyauté et de désintéressement. Il monta trois fois à la tribune pour parler en sa faveur. Trois ou quatre sénateurs votèrent avec lui; mais la majorité exclut Garcia le Grand de l'assemblée du Sénat.

Ce beau coup accompli, les francs-maçons ne doutèrent plus de rien. Ils s'attaquèrent alors au faible président Carrion, lui arrachèrent toutes les concessions qu'ils jugèrent à propos, et allaient s'emparer définitivement du pouvoir que Carrion était impuissant à garder et à défendre.

La nation allait se noyer. C'était le moment
de se jeter à l'eau pour la ramener au rivage.
Il était temps de la saisir, fût-ce par les cheveux!
Garcia Moreno comprit qu'il fallait un autre chef
pour terminer la période du pauvre et faible
Carrion.

Il songea alors à un fervent catholique,
nommé Javier Espinosa, qui pourrait peut-être,
au moins pour quelque temps, conjurer une
noyade définitive. Il en parle à ses amis qui l'ap-
prouvent. Il se rend auprès de Carrion, le conjure, le supplie de donner sa démission.

Carrion, avec l'entêtement de la faiblesse, ne
se laisse pas persuader. Enfin, vaincu par les
raisons de Moreno, l'incapable président consent
à se retirer. Espinosa est nommé à une forte majorité pour terminer cette période de quatre ans
si malheureusement bouleversée. C'était une trêve
de dix-huit mois que Moreno obtenait de nouveau
pour sa malheureuse patrie.

Pendant ces dix-huit mois, il se promettait le
repos et la vie de famille. Mais Dieu, qui avait
créé le grand homme pour la lutte, ne lui accorda
pas de trêve. Un nouveau champ d'activité, préparé par le Ciel lui-même, allait lui être confié.

Dès les premiers mois du gouvernement d'Espinosa, Moreno put se convaincre une fois de
plus que si tóus les bons chrétiens sont appelés à
la vie éternelle, ils ne sont pas tous destinés à
présider à la vie temporelle des peuples et des
nations. Le bon et honnête Espinosa, malgré des
qualités réelles, n'était pas l'élu de la Providence.
De même que le président Carrion, la fermeté
lui manquait. Les révolutionnaires, un moment
interdits, relevèrent la tête. Le nouvel élu, par sa
faiblesse, leur rendait l'espoir du succès.

Moreno, plus dégoûté que jamais du spectacle
qu'il avait sous les yeux, voulut, comme les
saints des premiers siècles, trouver la paix dans
la fuite. La remuante ville de Guayaquil n'était
plus son fait. Il rêvait du désert, de la solitude et
des grands horizons. Sa femme partageait ses
goûts. N'ayant plus rien à faire dans la grande
ville, il trouva dans les environs d'Ibarra, en
pleine campagne, une vaste hacienda que ses connaissances agricoles lui permettraient d'exploi-
ter lui-même.

Du reste, sa santé, cette *santé de fer*, comme
il l'appelait, commençait à s'altérer. Les agita-
tions politiques sont faites pour échauffer le sang.

Il avait besoin de repos et il comptait bien le trouver dans la paisible solitude de Guachala. Tel était le nom de la grande propriété dont il était devenu le locataire.

Le gouvernement ne voyait pas sans plaisir la retraite de Garcia Moreno. Aussi bien cet homme était fait pour gêner ceux qui n'étaient pas à sa hauteur ! On ne fit aucune instance pour le retenir et on se promit, tout bas, de le laisser tant qu'il voudrait *planter ses choux* et garder ses troupeaux dans la grande plaine de Guachala.

L'Equateur, disions-nous au commencement de cette histoire, est un pays volcanique sans cesse menacé par les éruptions et les tremblements de terre. La province d'Ibarra devait, dans le cours de l'année 1868, être victime d'une affreuse catastrophe.

Dans la nuit du 15 ou 16 août, le lendemain de la fête de l'Assomption de la Sainte Vierge, une épouvantable secousse réveilla en sursaut tous les habitants de la province.

Tout à coup, sans cause apparente et sans avertissement préliminaire, cette partie de l'Equateur fut bouleversée de fond en comble. La terre s'entr'ouvrit dans un sinistre craquement,

Les maisons les édifices publics, les forêts s'enfoncent dans le sol en ensevelissant sous les décombres la moitié de la population de la malheureuse ville d'Ibarra.

La contrée, muette de stupeur, s'abîmait dans le désespoir. Pas de familles, pas d'établissements publics où l'on n'eût à déplorer la perte de parents, de connaissances ou d'amis ; et, au milieu de cette douleur sans nom, les morts n'étaient pas le plus à plaindre, car, des dix mille personnes qui composaient la population d'Ibarra, plus de la moitié, mutilées, à demi-étouffées, étaient ensevelies sous les ruines.

Que dire de ces malheureux blessés écrasés sous les décombres ? On n'entendait partout que les cris, les plaintes, les gémissements des mourants. Ainsi qu'il arrive souvent, cette grande infortune qui soulevait la pitié dans le cœur des bons, n'excitait dans celui des méchants que la plus odieuse passion : celle du vol. Des brigands achevaient les victimes pour les dépouiller, et même les féroces Indiens du Napo accoururent de leur désert pour piller les malheureux que la main de Dieu frappait déjà si douloureusement.

Le misérable survivant, au lieu de lui tendre une main secourable, lui donna le coup de grâce. (Page 155.)

Des scènes sauvages se passèrent sur le territoire d'Ibarra.

On vit un pauvre blessé se relever tout sanglant pour implorer le secours de son frère que la catastrophe avait épargné. Le misérable survivant, au lieu de lui tendre une main secourable, lui donna le coup de grâce. La mort de son frère le laissait seul héritier des biens de sa famille.

Dans l'hacienda de Guachala, Garcia Moreno avait été épargné.

Il se multiplia pour les victimes et envoya de la ferme par ses serviteurs tous les secours en vivres et en provisions qui s'y trouvaient.

Le gouvernement de Quito ne pouvait rester insensible à cette misère poignante. Mais comment lui venir en aide d'une manière efficace. Il ne savait plus à quel saint se vouer. Selon son habitude, dans les cas embarrassants, il se souvint de Garcia Moreno.

Le 22 août, un des ministres lui envoya un grand pli cacheté. C'était sa nomination officielle de gouverneur de la province qui n'existait plus qu'à l'état de ruines. Si quelqu'un pouvait bâtir sur ce sol mouvant, n'était-ce pas Garcia le Grand?

En effet, il ne savait pas refuser le poste du dévouement. A la nouvelle de cette nomination, un rayon d'espoir passa sur la malheureuse contrée. Garcia Moreno était investi d'un pouvoir absolu, pour consoler, guérir, relever ce peuple qu'un coup de foudre avait abattu.

Il ne faillit pas à sa mission.

Se rendant aussitôt avec la troupe sur le lieu du sinistre, il organisa sans perdre une minute les secours que la situation réclamait.

A peu de distance de la ville un torrent grossi par les eaux et la lave arrête l'élan des sauveteurs. Sans hésiter, Moreno éperonne son cheval et s'élance dans la vase. Enthousiasmée, électrisée, la troupe le suit courageusement. Arrivé de l'autre côté, Garcia, avec l'ordre et la méthode qui étaient un des caractères de son génie, fait commencer aussitôt les travaux de sauvetage.

Des escouades d'hommes sont chargés du déblaiement, d'autres, des secours à donner aux blessés ; une petite troupe poursuit les Indiens, les pillards et les voleurs. Les secours en nature et en argent, venus de toutes les villes de l'Equa-

teur, sont distribués avec générosité et équité.
Les pauvres Ibarréniens voient enfin s'élever
des jours meilleurs.

Plus de vingt mille personnes avaient péri
dans cet affreux cataclysme ; mais, grâce à l'infatigable activité du nouveau gouverneur, la province d'Ibarra, comme le Phénix, put renaître
de ses cendres. Le nom de son bienfaiteur était
dans toutes les bouches. Lorsque la vie habituelle reprit son cours, les dames de la ville
offrirent à Garcia Moreno au nom de la province
une médaille d'or, enrichie de diamants, qui
portait en exergue ces paroles, expression de
la pensée de tous : « Au sauveur d'Ibarra. »

Tout le monde rendit justice à son zèle et à
son dévouement. Le gouvernement lui-même le
félicita. Moreno voulut profiter de cet enthousiasme passager pour faire entendre au faible
Espinosa que ses complaisances pour les révolutionnaires menaient le pays aux abîmes. Il ne
fut pas écouté et, plus découragé que jamais, il
revint à Guachala décidé à se confiner dans sa
chère retraite dont il espérait ne plus jamais
sortir.

L'expérience de la vie publique avait appris

à Garcia Moreno que l'énergie et le génie d'un homme de bonne volonté ne suffisent pas à garder un pays dont la constitution pèche par la base.

Lorsque les lois en vigueur dans une république sont mauvaises en elles-mêmes, un bon président peut en atténuer les effets ; mais il aura toujours contre lui la foule des opposants à courte vue qui ne remontent pas aux principes et reprochent sans cesse à l'autorité d'agir contre la loi, celle-ci fût-elle en tout opposée à la religion, à la morale, au droit naturel, choses sacrées et immuables que les législateurs croient parfois, comme des enfants qu'ils sont, détruire d'un trait de plume sur une feuille de papier.

Aussi, lorsque les amis de Garcia Moreno, en blâmant le pauvre Espinosa, exprimaient le désir de voir le sauveur d'Ibarra revenir à la présidence, celui-ci leur avouait nettement sa manière de penser :

« — Non, disait-il. Je n'en veux plus, et mon motif n'est pas un vain prétexte. Si jamais je me suis repenti de quelque chose, c'est d'avoir accepté en 1861 d'être chef d'un Etat qui a une constitution absurde. En m'appuyant uniquement sur la

loi, je perdais le pays. En la laissant de côté,
j'ai fait crier au despotisme et à la tyrannie.
Pour gouverner dans ces conditions, je l'ai vu,
il faudrait être un ange ou un sot, et je ne suis
ni l'un ni l'autre. »

Telle était, sinon textuellement du moins en
substance, la pensée de Moreno sur le pouvoir.
Et pourtant, cette nouvelle présidence préoccupait tous les esprits, car l'époque des élections
approchait. Les révolutionnaires n'avaient pas
trop de quelques mois pour préparer la candi-
dature d'un des bons amis d'Urbina.

Malgré la résistance de Garcia Moreno, ses
amis le choisirent comme candidat. Il s'y refusa
longtemps. Il aurait voulu mettre au pouvoir un
bon et loyal militaire, gouverneur de Guayaquil,
le général Darquéa. Les conservateurs s'obsti-
nèrent. Moreno, que ses ennemis représentaient
comme un ambitieux, avide du gouvernement,
leur résistait toujours. Ce fut la révolution elle-
même qui triompha de cette résistance.

On était au mois de janvier 1869. Le mandat
d'Espinosa expirait au mois de mai. Les révolutionnaires n'eurent pas la patience d'attendre
encore cinq mois avant de s'emparer de la place.

Ils résolurent en secret de faire brusquement une révolution et fixèrent leur coup au dix-huit du mois de janvier.

Il faut avouer d'ailleurs que le moment était opportun.

De concession en concession, le pauvre Espinosa en était venu à écarter de lui tous les amis de l'ordre et à s'entourer de révolutionnaires, ses ennemis secrets. Ceux-ci n'avaient vraiment qu'à entrer dans la place dont le président aveugle et incapable leur ouvrait lui-même les portes.

Moreno était au courant de toutes ses intrigues. Il tenta de sauver le Gouvernement malgré lui, par des moyens réguliers et légaux. Il alla trouver Espinosa, le supplia de rappeler auprès de lui les hommes d'ordre et d'honneur qui pouvaient encore épargner au pays le fléau de la guerre civile. Le président ne voulut rien entendre. C'était un de ces malades dont la surdité volontaire ne pouvait être qu'incurable.

Que faire? Laisser bouleverser ce pays pour lequel il avait déjà tant souffert! Laisser revenir au pouvoir un ami, un parent d'Urbina, l'oppresseur de la patrie! Le parti de Garcia Moreno

fut vite pris. Il sauverait encore, au prix de sa
vie s'il le fallait, ceux qui avaient confiance en
lui et attendaient de lui le salut.

Le lundi, 18 janvier, Espinosa allait être
chassé par les révolutionnaires. Garcia Moreno
résolut de devancer les audacieux.

Le samedi 16, vers le soir, il assemble ses
amis les conservateurs, leur déroule les projets
qu'il a surpris et leur dit avec assurance : « Si
vous voulez agir, agissez sur-le-champ. Non pas
demain, ni après, mais ce soir. Il est dix heures.
Vers minuit, je me charge de prévenir la caserne.
Avec l'armée pour nous, les projets des conspi-
rateurs seront déjoués. Nous consignerons Espinosa chez lui et le peuple, libre de son vote, nommera lui-même son chef, le général Darquea. »

On ne résistait guère à Garcia Moreno. Il
distribua à chacun son rôle et, seul, au milieu
de la nuit, suivi de loin par les siens, il marche
droit au soldat en faction devant la caserne.

« Qui vive? crie la sentinelle en épaulant
son fusil. — Garcia Moreno. — Et que voulez-
vous à cette heure? fit le soldat un peu troublé.

— Je veux sauver la religion et la patrie. Tu me
connais. Laisse-moi passer! »

L'arme tomba en effet des mains du brave factionnaire. « Viva Garcia Moreno ! » cria-t-il de toutes ses forces, et bientôt le poste et toute l'armée de répéter ! Viva Garcia Moreno !

Ce cri parvint jusqu'aux oreilles des révolutionnaires qui s'enfuirent épouvantés. Espinosa, gardé à vue dans sa maison, n'essaya pas une minute de s'opposer au mouvement.

A Quito, le succès était assuré. Il n'y avait plus qu'à soumettre les provinces.

Avec cette célérité, cette promptitude d'exécution qui n'appartenait qu'à lui, Moreno part au galop pour Guayaquil.

Il y arrive le 20, vers 9 heures du soir, se rend directement à la caserne d'artillerie. Lorsque deux heures plus tard le gouverneur Darquea prévenu de son arrivée accourut, toute la besogne était terminée. A Guayaquil comme à Quito, il n'y avait eu qu'un cri d'enthousiasme : Vive Garcia Moreno ! Selon leur habitude en pareil cas, les urbinistes démasqués étaient ceux qui criaient le plus fort.

Quant au président, tranquillement assis a une table, il dictait des ordres, écrivait et goûtait sans arrière-pensée la plus grande joie de sa

vie : celle d'avoir opéré dans son pays une
contre-révolution, sans avoir déchiré une cartouche ni fait répandre une seule goutte de sang.

Chef du gouvernement provisoire, Moreno ne
songeait qu'à rétablir l'ordre et ensuite à se retirer dans son hacienda de Guachala. Mais le
peuple, l'armée, la magistrature ne l'entendaient
pas ainsi. Ce n'est pas assez d'édifier une œuvre,
il faut la consolider, la garder de toute tentative de destruction. D'ailleurs, on ne réforme
pas un pays en trois mois. L'Equateur avait
absolument besoin de Garcia Moreno pour devenir cette république chrétienne qui a fait l'éton-
nement et l'admiration du peuple catholique tout
entier.

Celui-ci se retranchait derrière le serment solennel fait devant Dieu et devant le peuple d'ab-
diquer le pouvoir aussitôt l'ordre rétabli.

La lutte entre le désir de la nation et la conscience trop délicate de l'éminent homme d'Etat
fut des plus vives.

On fit circuler des pétitions réclamant l'élection de Garcia Moreno à la présidence. Ces pétitions se couvraient de signatures. Moreno fit
défendre de les colporter.

En vain lui disait-on qu'un serment qu'on ne peut tenir sans nuire gravement au bien public ne saurait être obligatoire. Le président temporaire n'en persista pas moins à envoyer à l'Assemblée constituante sa démission officielle.

Le jour de l'élection définive, la Convention, assemblée dans l'église des Jésuites, entendit une messe avant de procéder au vote. Le nom de Garcia Moreno sortit de l'urne à l'unanimité, moins une voix.

Garcia Moreno refusait toujours. Alors l'Assemblée jugea bon de ne plus supplier, mais d'ordonner, et son président Carvajal informa Garcia Moreno d'avoir à se soumettre à la volonté nationale en venant prêter le lendemain le serment constitutionnel réclamé du chef de l'Etat.

Il n'y avait plus qu'à obéir et à donner à ce peuple chrétien une constitution chrétienne. Tel sera désormais le travail du président malgré lui.

En se soumettant à la volonté du peuple, Moreno avait-il la pensée qu'il acceptait son arrêt de mort? Il y a lieu de le supposer. Mais, pour l'homme héroïque dont nous racontons l'histoire, cette considération était de peu de valeur. Elle ne pouvait entrer en ligne de compte et influencer

ses actes. La Constitution qu'il fit adopter à sa
patrie le prouva doublement.

Pour un peuple catholique, Moreno avait compris qu'il fallait des lois catholiques et, sans se
préoccuper des clameurs de ses adversaires, il
chercha, comme nous l'avons déjà dit, dans les
commandements de Dieu et de l'Eglise les principes moralisateurs qui devaient régénérer son
pays.

Les droits de l'Eglise catholique devaient être
en tout respectés. L'Etat uni à l'Eglise devait
concourir selon la mesure de ses forces au main-
tien de la religion et de la morale. Toutes les
conséquences de détail de ce principe unique en-
trèrent dans ce code nouveau que le dix-neuvième
siècle a vu écrire, non seulement sur le papier,
mais encore dans tous les actes du petit peuple
équatorien.

Parmi ces détails, il y en eut un qui aurait fait
reculer un homme moins brave et moins généreux que Garcia Moreno.

On a dit bien souvent que deux lignes de l'é-
criture d'un homme suffisaient pour le faire
pendre. Moreno introduisit dans la Constitution
un article de deux lignes qui devait, six ans plus

tard, aiguiser contre lui les poignards des révolutionnaires.

Moreno pensait avec raison que, pour avoir des chefs et des magistrats catholiques, dans une république catholique, qui nomme par voie de suffrages ses employés et ses fonctionnaires, il fallait que ceux-ci fussent élevés au pouvoir par des électeurs catholiques. En conséquence, il réussit à faire adopter cette clause fondamentale dans un pays miné comme l'Equateur par les sociétés secrètes :

« Tout individu appartenant à une société prohibée par l'Eglise est déchu de ses droits de citoyen. »

Ces quinze mots sauvaient l'Etat et perdaient le courageux président, car les francs-maçons de Quito et de Guayaquil ne devaient pas les oublier.

XIII

LA SOURCE CACHÉE

Lorsqu'un fleuve porte dans un pays la richesse et la fécondité, une curiosité purement scientifique s'attache à rechercher la source de ce superbe cours d'eau. Il y a quelques années à peine, des expéditions s'organisaient pour remonter aux sources du Nil. De tous temps ces recherches ont passionné les savants et ce sont elles qui ont créé en partie la science de la géographie. Elles ont permis de circonscrire avec une méthode parfaite les limites de certains pays. Telle ville, telle montagne, telle plaine fait partie de tel bassin. Cette simple indication suffit pour donner au plus petit coin de terrain une physionomie qui le distingue, qui le fait mieux connaître, qui évoque tout un paysage et déroule sous les yeux charmés du géographe une série de tableaux, sur lesquels une description plus longue et plus minutieuse ferait peut-être passer des ombres.

D'ailleurs, sans aspirer à ce titre de savant, le premier collégien venu est à même d'en faire l'expérience. Que de distances entre deux mots! Il semble qu'en les prononçant on agite sous une vive lumière les verres adroitement peints d'une lanterne magique merveilleuse. *Bassin de la Loire!* Et l'on croit respirer les senteurs embaumées de la Touraine, ce jardin de la France. *Bassin de la Seine!* Et l'on se souvient de l'agitation, du mouvement, de l'activité fiévreuse de la grande ville. *Bassin du Volga!* Et l'on respire avec plus de peine au milieu des brumes du Nord en admirant dans le lointain des horizons neigeux. *Bassin du Nil!* Et l'on se complaît dans l'illusion des sables brûlants, des effets de mirage et des vastes plaines du désert.

De même, la vie d'un homme a toujours une double face. Nous pouvons voir de près ses actes, les admirer même dans une certaine mesure; — dans la mesure de ses succès — mais, si nous nous arrêtons à cette manifestation extérieure, nous

Le matin et le soir, il s'agenouillait dans quelque coin perdu au milieu des bois. (Page 180.)

le connaissons mal. Que dis-je! nous ne le connaissons pas. Il faut pour faire une connaissance complète remonter à la source. Il faut aller jusqu'à son cœur, y lire ses sentiments, les motifs qui le font agir. Il faut chercher plus loin et plus haut que ses actes sa vraie physionomie et, dans cette double vie, la seconde, la vie de son âme, est de beaucoup la plus intéressante, la plus vraie, la meilleure à connaître. Cette vie du dedans est mille fois supérieure à la première.

(C'est par cela qu'il vaut, lorsqu'il vaut quelque chose) et c'est pourquoi, avant de raconter les dernières années de la vie de Garcia Moreno, nous voudrions arrêter un instant le lecteur sur cette page intime qui renferme le secret de l'existence du héros.

Lorsque l'Eglise catholique est appelée à prononcer sur l'éminence des vertus d'un de ses enfants, elle fait de ces vertus un examen minutieux en suivant un ordre invariable. Elle veut savoir avant tout si celui que la voix publique proclame un saint, lui appartient à titre légitime. Ses vertus ont-elles été des vertus chrétiennes? Elle n'a que faire des vertus humaines.

Elle se soucie peu de la science, du génie, des qualités militaires. Celui que vous appelez un saint ou un grand homme a-t-il professé la vertu de religion, la première des vertus morales? A-t-il possédé les dons de foi, d'espérance et de charité, vertus théologales nécessaires au salut? A-t-il pratiqué constamment les vertus cardinales de prudence, de force, de justice, de tempérance? En un mot a-t-il été un chrétien? Un chrétien humble, chaste, bienfaisant, fervent, sobre et doux, soucieux de la dignité de son baptême.

C'est cela seulement qui l'inquiète, c'est cela que nous rechercherons aussi dans la vie de Garcia Moreno.

Or, nous ne craignons pas de l'affirmer, le président de l'Equateur a possédé la vertu de religion à un degré éminent. Chrétien, il l'était par son baptême, par son éducation; il le fut toute sa vie par ses actes.

Il avait appris sa première prière sur les genoux de sa mère et sa reconnaissance pour celle qui lui avait donné l'existence, confondait dans une même action de grâces, le bienfait de sa double naissance à la vie temporelle et à la vie de la foi. Dona Mercédès vécut jusqu'à l'âge de quatre-vingt-quatorze ans et jusqu'à la fin de sa vie, son fils, qui l'entourait de la plus vive affection, répétait hautement qu'il lui devait ses principes chrétiens.

Il l'appelait : *ma sublime Mère* et, pour se rendre compte de cette vénération, il faut lire la réponse que Garcia Moreno adressait au mois de juillet 1873 à l'archevêque de Tolède, son parent, qui lui avait envoyé à l'occasion de la mort de la noble femme une lettre de condoléance.

« Ma mère a vécu près d'un siècle, écrivait le président, félicitez-moi plutôt, car elle était une sainte. Au-dessus de tout resplendissait dans sa belle âme la foi la plus vive que j'aie jamais connue, foi vraiment capable de transporter les montagnes.

... Combien de fois dans mon enfance s'efforça-t-elle de me faire comprendre avec le plus grand zèle que le seul mal à craindre ici-bas, c'est le péché ! Elle me disait que je serais toujours heureux si je savais sacrifier biens matériels, honneurs, vie même, pour ne pas offenser Dieu. Je ne finirais jamais cette lettre si je voulais redire ce que fut ma sainte mère et ce que je lui dois ! »

Cet héritage de foi, Garcia Moreno devait le transmettre à son fils. L'année qui suivit la mort de doña Mercédès, le petit Gabriel, âgé de six ans, fit son entrée à l'école des frères. Le président, qui présenta lui-même le nouvel écolier, ne fit pour son unique enfant qu'une seule recommandation. « Voilà mon fils, il a six ans, je ne demande pour lui qu'une seule chose, c'est d'en faire un chrétien. »

Pour devenir un chrétien parfait, l'enfant avait dans son père un modèle vivant du christianisme. Qui croirait que la multiplicité des travaux de chef de l'Etat, laissait au président le loisir de régler son temps de manière à faire entrer dans des journées si bien remplies les pratiques d'un fervent religieux ?

Levé de grand matin, le président de l'Equateur commençait sa journée par la prière. Une demi-heure de méditation fortifiait chaque matin cette âme créée pour la lutte. N'est-ce pas d'ailleurs quand on est dans le tourbillon des affaires, dans la mêlée des occupations humaines qu'il importe de se réserver un instant de calme et de recueillement ? Les personnes du monde, imbues des idées du monde, relèguent volontiers dans le cloître et derrière les grilles les pratiques d'une dévotion plus intime, d'un commerce plus familier avec Dieu. Hélas ! le monde ne sait pas tout et il est loin de tout savoir ! Une personne de beaucoup d'esprit, et d'un bon sens plus grand encore, écrivait un jour plaisamment que les gens retirés sont les seuls à faire des retraites. On pourrait regretter surtout de voir l'oraison, la prière intime, le tête à tête entre Dieu et l'homme, négligé par ceux que leur position sociale a placés à la tête de leurs semblables, au milieu du brouhaha mondain. Comment entendront-ils les avertissements en sourdine de la conscience, dans le bruit d'une pareille fanfare ? La prière pourrait seule remédier au danger de leur position. Ils ne sauraient apprendre à meilleure école la science du gouvernement. La prière leur enseignerait le grand art qui consiste d'abord à être maître de soi. Telles furent, pendant toute sa vie, l'étude et la pratique de Garcia Moreno.

Un moment, nous l'avons vu, pendant son séjour à Paris, une certaine négligence s'était glissée dans sa conduite sous le rapport de la réception des sacrements. Mais à partir du jour où une réflexion faite à propos lui avait dicté une courageuse démarche, il n'y eut plus dans la vie du jeune homme ni tiédeur, ni défaillance. Il se confessait et communiait tous les huit jours et, comme le supérieur d'un ordre religieux lui offrait de lui envoyer chaque semaine à jour fixe son confesseur, afin de lui faire gagner un quart d'heure d'un temps précieux qui appartenait à l'Etat, le président lui fit cette humble et chrétienne réponse : « Non, mon Révérend Père, c'est au criminel qu'il appartient d'aller trouver son juge, et non pas au juge de courir après le pécheur. »

Le jour de la prise de Guayaquil, un de ses amis lui avait fait présent d'un petit livre que l'on retrouva sur lui après sa mort, et dont les pages jaunies et la couverture fanée indiquaient un long service. C'était un exemplaire de l'*Imitation de Jésus-Christ*. Sur le dernier feuillet blanc Garcia Moreno avait écrit ses résolutions. On y lit des phrases comme celles-ci :

« **Je ferai mon examen particulier deux fois**

chaque jour sur l'exercice des vertus, et mon examen général tous les soirs.

« Dans ma chambre, ne jamais prier assis quand je puis le faire debout.

« Je ne passerai jamais plus d'une heure au jeu et jamais avant huit heures du soir.

« Ne jamais parler de moi si ce n'est pour avouer mes fautes.

« J'offrirai mon cœur à Dieu avant mes principales actions.

« Je prendrai soin de me conserver le plus possible en la présence de Dieu, surtout dans les conversations, afin de ne pas excéder en paroles.

« J'assisterai chaque jour à la messe et je demanderai la vertu d'humilité.

« Je réciterai chaque jour le rosaire ! »

Cette dernière pratique fut toujours chère au cœur du président.

Il aimait la Sainte-Vierge et tenait à honneur à se montrer un fidèle serviteur de la reine du ciel. On a vu qu'il avait placé l'armée équatorienne sous la protection spéciale de Notre-Dame de la Merci ; et il ne négligeait aucune occasion de témoigner à Marie la plus fidèle dévotion.

Il avait voulu faire partie de la Congrégation
de la Sainte-Vierge établie à Quito par les Révé-
rends Pères Jésuites. Cette congrégation comprenait deux sections : celle des personnes de
distinction de la capitale et celle des ouvriers.
Il voulut faire partie de la seconde en disant :

« Ma place à moi est au milieu du peuple ! »

Et le peuple, en effet, admirait à l'envi ce
fort et ce vaillant qui lui donnait ainsi l'exemple
de la religion, de la piété et du zèle.

On aime à voir ce grand esprit apprécier ainsi
les petits moyens mis à la portée de tous pour se
maintenir dans la fidélité vis-à-vis de Dieu. Pour
Garcia le Grand, il n'y avait dans la religion
rien de bas, rien de mesquin, rien d'inutile. Et il
n'était pas d'un petit exemple de voir cet homme
universel, ce vaste génie se prêter si simplement aux petites industries du zèle, entrer dans
les congrégations pieuses, les soutenir, les encourager. Il avait compris mieux que personne la
force morale que donne l'esprit de corps, l'esprit
d'association, un des besoins du dix-neuvième
siècle. Surtout, il n'avait pas oublié la parole du
divin Maître : « Quand vous serez réunis deux ou

trois en mon nom pour prier, je serai au milieu de vous. »

Un jour qu'il avait fait venir des Etats-Unis de pauvres ouvriers irlandais pour monter une scierie mécanique, il alla visiter les travaux, donna à ses frais un repas champêtre aux travailleurs et, interrogeant ces braves gens sur leur pays, sur leurs habitudes religieuses, il finit par leur demander si, en Irlande, on aimait bien la Sainte-Vierge ?

— Oh ! oui, monsieur, nous l'aimons tous beaucoup, répondirent les larmes aux yeux les pauvres exilés, peu préparés à entendre une pareille question en sortant des Etats protestants du nord de l'Amérique.

— Eh bien ! mes amis, reprit le président, nous allons la prier ensemble. Voulez-vous réciter le chapelet ?

Et Garcia Moreno, entouré des chrétiens de la verte Irlande, se mit à genoux et commença pieusement son rosaire quotidien.

Tous ceux qui ont connu Garcia Moreno ont rendu témoignage de son exactitude à s'acquitter de tous ses pieux exercices. Rien n'était oublié, rien n'était remis à plus tard. Les voyages, les

travaux de chef de l'Etat, la fatigue n'étaien
jamais un obstacle. Fallût-il faire un long détour,
il s'arrangeait toujours lorsqu'il était en route
pour avoir une messe le dimanche. Le matin et
le soir, il s'agenouillait dans quelque coin perdu
au milieu des bois afin d'implorer la protection
du Ciel, qui bénissait si visiblement ses démarches et ses entreprises.

En temps ordinaire, lorsqu'il était chez lui, la
prière en commun entrait dans son règlement. Sa
famille, ses amis, ses aides-de-camp, ses serviteurs s'agenouillaient auprès de lui pour bénir et
louer Dieu. Le président faisait la prière lui-
même ; il ne cédait cet honneur à personne. Les
dimanches et les jours de fête, il y ajoutait une
courte lecture, avec quelques commentaires
pieux à haute et intelligible voix, pour l'instruction et l'édification des siens. Il ne dédaignait pas
d'expliquer lui-même le catéchisme à ses domestiques, heureux d'un enseignement où le pieux
président mettait une éloquence naïve et fami-
lière combinée de toutes les ardeurs de sa fer-
vente piété. Cette vertu de religion de Garcia
Moreno éclatait en toutes circonstances.

Dans ce beau pays du Sud où les cérémonies

du culte, protégées par une loi bienfaisante et
sage, pouvaient se célébrer librement, quel
n'était pas l'éclat des fêtes catholiques! Au milieu de cette végétation luxuriante, sous ce
soleil radieux, les processions en l'honneur de
Marie et du Saint-Sacrement se déployaient,
aux jours de grandes fêtes, avec une pompe toute
méridionale.

On y voyait toujours le président, en grand
costume de général en chef, entouré de ses ministres, des dignitaires civils et militaires, suivre,
tête nue, sous les rayons brûlants de l'Equateur,
la procession de la Fête-Dieu. Quelques-uns de
ses officiers, par crainte d'une insolation, se
cédaient les uns aux autres, de temps en temps,
les glands du cordon du dais, afin de rechercher
un peu d'ombre en longeant les murs de la cité.
Garcia Moreno, par respect pour le Saint-Sacrement, ne quittait jamais le milieu de la rue.
Absorbé dans une muette adoration, il semblait
ne pas se rendre compte de la chaleur et de la
longueur du chemin.

Est-il nécessaire d'ajouter à ce qui précède
que le respect humain n'avait aucune prise sur
ce noble caractère?

Un jour, à Quito, les Pères Rédemptoristes, à la demande de Garcio Moreno, avaient prêché une mission. Ils voulurent terminer la cérémonie par la plantation d'une croix commémorative de ces jours de salut.

Au dernier exercice, le prédicateur parla naturellement de la Croix, de ce signe de la Rédemption, la bannière des chrétiens, et, rappelant le souvenir de l'empereur Héraclius, qui avait porté sur ses épaules le bois de la vraie Croix, reconquise pendant la guerre contre les Perses, il interpella l'assemblée, dans un mouvement oratoire, en disant : « J'espère que vous tous ici présents, foulant aux pieds le respect humain, vous envieriez le même honneur? »

A peine avait-il terminé cette apostrophe que Garcia Moreno, revêtu de tous ses insignes, quitte sa place. Il s'approche de la croix massive que le pieux missionnaire désignait, la charge sur ses épaules et, suivi de tout le peuple, la porte jusqu'au lieu où elle devait être fixée.

Ces exemples, choisis entre mille, témoignent suffisamment de la vertu de religion de Garcia Moreno. Faut-il s'étonner, après cela, qu'au généreux chrétien qui embrassait la croix de si bon

cœur, Dieu n'ait pu accorder d'autre récompense
en ce monde que celle de la porter jusqu'à la fin,
et de donner sa vie pour la sainte cause qu'il
avait fait le serment solennel de faire triompher
dans son pays!

A la mort de sa petite fille, que le bon Dieu lui prit à l'âge de quatre ans
cet homme si énergique... (Page 203.)

XIV

LES VERTUS THEOLOGALES
EN GARCIA MORENO

Es actes extérieurs de religion accomplis
par Garcia Moreno avaient pour cause
première les vertus infuses dans l'âme
de tous les chrétiens par le sacrement de baptême. Ces vertus, qui se rapportent directement
à Dieu, sont appelées, à cause de cela, *vertus
théologales*. Elles sont dans les âmes un principe de vie. Essentielles, nécessaires au salut,
elles ne s'acquièrent pas, comme les vertus
morales, par la lutte et l'effort. De la foi, de
l'espérance et de la charité, Dieu a fait un
don gratuit dont il orne, par pure bonté, les
âmes qui lui appartiennent. Mais ce présent
divin, déposé à l'état de germe, de semence,

dans le cœur des chrétiens, est susceptible d'un développement qui ne connaît pas de limites. Dans ce rapprochement entre le cœur de Dieu et le cœur de l'homme, le Créateur a fait les premiers pas, mais il a laissé à sa créature la liberté de hâter cette rencontré finale qui fixera à jamais la faiblesse et l'inconstance humaines. Croire en Dieu, espérer en Dieu, aimer Dieu : tel est le secret du chrétien. Croire chaque jour davantage, espérer contre toute espérance, aimer toujours plus et mieux : tel est le désir du chrétien parfait.

Telle a été, pendant toute sa vie, la tendance constante de Garcia Moreno.

La foi, dans l'âme du président de l'Equateur, était une foi vive et éclairée. Si la foi du charbonnier, comme on appelle souvent la foi des ignorants, est précieuse devant Dieu, qui n'a que faire de la science humaine, elle ne saurait suffire aux intelligences plus cultivées, capables d'approfondir, d'admirer de près, la belle ordonnance des croyances catholiques. La science religieuse ajoute à la foi religieuse ce je ne sais quoi d'achevé qui la rend plus ferme, plus solide et plus facile ; car, tout ce qui s'ajoute à un objet n'est pas un fardeau. Telles sont les ailes pour l'oiseau, les roues pour le char, les voiles pour le vaisseau. Jamais un ignorant en matière religieuse ne deviendra un saint, et, si l'on a vu de pauvres gens, sans lettres et sans savoir, arriver parfois à une sainteté éminente, c'est que Dieu, renversant en leur faveur l'ordre normal et régulier des choses, s'est fait lui-même leur précepteur. L'instruction est toujours la même; il n'y a que le maître de changé.

Ce fut à Paris, pendant son exil de trois années, après le triomphe d'Urbina, que Garcia Moreno perfectionna cette science religieuse qui aidait si puissamment sa foi. On a vu avec quelle application, quelle persévérance il étudiait l'histoire de l'Eglise catholique. A côté de ses études particulières, il ne négligeait aucune occasion de s'instruire chaque jour davantage. Il fréquentait assidûment les sermons, les conférences, les assemblées religieuses; il se lia d'amitié avec les hommes éminents occupés de ces graves questions; il observait, toujours au point de vue d'une réforme sociale basée sur la religion, les institutions et les lois, et ce furent ces études, fortifiées par la grâce et la prière, qui développèrent en lui un esprit de foi comme notre siècle n'en connaît plus.

Le président avait un mot favori pour exprimer laconiquement la foi qui remplissait son âme. Lorsque ses amis, ses connaissances déploraient le triste état de sa patrie et s'effrayaient des agissements des révolutionnaires, Moreno coupait court aux pensées et aux paroles de découragement en disant : « Dieu ne meurt pas ». Ce langage imagé, pittoresque, d'une originalité qui peignait l'homme, rendait heureusement sa pensée. *Dios no muere*. Il voulait exprimer par là sa confiance dans le triomphe d'une cause qui était la cause de Dieu même.

Ses messages à la Chambre des députés, ses rapports au gouvernement portaient tous le cachet de cette foi vive qui inspirait ses actes. Il rendait compte de son administration en rapportant toujours la gloire du bien accompli à son Créateur, « Celui, disait-il textuellement, à qui nous devons tout, comme à notre Rédempteur et notre Père, notre Protecteur et notre Dieu. »

Ce même esprit de foi le portait à témoigner une vénération spéciale aux saints que l'Eglise a élevés sur les autels.

L'Equateur conserve religieusement les reliques d'une de ses enfants, la bienheureuse Marianne de Jésus, surnommée le *Lis de Quito*. Ces reliques, déposées dans la pauvre chapelle du couvent des Jésuites, avaient été, après le départ des bons religieux, un peu abandonnées. Moreno résolut de faire revivre la dévotion populaire à la vierge équatorienne. Il consacra, pendant une année, une partie de son traitement à l'embellissement du pieux sanctuaire et fit voter, par le Congrès de 1865, l'acquisition d'une châsse magnifique où furent déposés les restes vénérés de la bienheureuse Marianne.

Les prêtres, les plus obscurs desservants bénéficiaient aussi de cet esprit de foi.

Un jour, un pauvre capucin, de passage à Quito, alla voir le président. Le *sombrero* à la main, le religieux avait une contenance si humble et si embarrassée que Moreno, pour le mettre à l'aise, s'empressa de lui dire poliment : « Mais, mon Révérend Père, couvrez-vous, je vous prie. — Oh! non, répliqua celui-ci tout naïvement; un pauvre religieux ne doit pas se couvrir devant le président de la République. — Eh! mon Père, qu'est-ce donc qu'un président de République, reprit vivement Moreno, en comparaison d'un prêtre du Très-Haut ? »

Si le plus humble ecclésiastique était ainsi honoré, que dire de la vénération du chef de l'État pour le chef suprême de l'Église ? On pourrait écrire un livre, l'intituler *Pie IX et Garcia Moreno*, et l'on verrait combien ces deux grandes âmes, si bien faites pour se comprendre, réalisaient, chacune dans leur genre, cet idéal de la vie de la foi dont ils ont donné tous deux un si admirable exemple.

Pour Garcia Moreno, Pie IX était sur la terre, dans toute l'acception du terme, le représentant visible et infaillible de l'autorité divine. Pie IX était un père ; Garcia Moreno, un fils soumis, respectueux, obéissant et reconnaissant, et il acceptait ce titre avec toutes les conséquences logiques qu'il entraîne.

« Puisque nous sommes catholiques, disait-il un jour en plein Congrès, soyons-le logiquement, ouvertement, dans notre vie publique comme dans notre vie privée. » Et, sous l'empire de cette pensée de foi, il faisait voter par la Chambre une offrande annuelle de cinquantedeux mille francs pour le denier de Saint-Pierre.

En 1870, lorsque le roi Victor-Emmanuel, foulant aux pieds toute justice, s'empara des Etats du Saint-Siège et fit de Rome sa capitale, tous les gouvernements de l'ancien et du nouveau monde restèrent muets. Aucun n'eut le courage d'élever la voix pour protester contre la spoliation. Les nations catholiques, les enfants de l'Eglise laissèrent dépouiller leur mère, sans qu'un seul eût la religieuse audace de crier : « Au voleur ! »

Le pauvre Pie IX ne s'appuyait guère, d'ailleurs, sur la justice humaine. « Messieurs, disait-il aux ambassadeurs réunis au Vatican, pendant que les canons du prince de la maison de Savoie battaient en brèche les murs de Rome ; messieurs, je voudrais pouvoir vous dire que je compte sur vous, mais le pauvre vieux pape ne compte plus sur personne ici-bas. Malgré tout, l'Eglise est immortelle. Ne l'oubliez pas. »

Eh bien ! le Pape aurait pu compter sur quelqu'un. Il aurait pu compter sur Garcia Moreno. Seul de tous les chefs d'Etat du monde entier, il osa adresser une protestation à l'usurpateur au nom du peuple équatorien.

En apprenant cette protestation indignée,

Pie IX revint sur la parole de tristesse adressée
aux membres du corps diplomatique : « Ah ! dit-
il, les larmes aux yeux, si celui-là était un roi
puissant, le pape aurait un appui en ce monde ! »
Il fit adresser au président une lettre élogieuse,
lui envoya la croix de chevalier, ce qui provoqua
une réponse qui sera en Moreno le dernier mot
de la foi :

« Très saint Père, écrivait-il, je ne mérite
aucune récompense..... Dieu veuille m'éclairer,
me diriger en toutes choses et m'accorder la
grâce de mourir pour la défense de la foi et de la
sainte Église. C'est dans ces sentiments que j'implore une nouvelle bénédiction pour la République, pour ma famille et pour ma personne. »

L'espérance, la confiance en Dieu égalaient,
en Garcia Moreno, la vivacité de sa foi.

Sans cesse menacé par les révolutionnaires, le
président avait en Dieu une confiance si absolue qu'il négligeait de prendre les plus vulgaires
précautions contre ses ennemis. Il espérait fer-
mement qu'un jour la cause de Dieu triompherait
dans son pays. Après cet espoir-là, il ne se
préoccupait pas de lui-même et ne voyait qu'un
gain dans les projets des méchants. « Dieu sera

notre bouclier, aimait-il à dire; et, si nous suc-
combons, rien ne peut être plus désirable ni plus
glorieux pour un catholique. Notre récompense
sera éternelle. »

C'est dans les mêmes sentiments qu'il écrivait
un jour à un ami :

« On dit que les francs-maçons d'Allemagne
ont ordonné à ceux d'Amérique de remuer ciel et
terre pour renverser le gouvernement de l'Equateur. Mais, si Dieu nous protège, que pourrions-
nous avoir à craindre? »

Lorsque les menaces de ses adversaires faisaient redouter chaque jour un tragique dénoue-
ment, les amis du président lui conseillaient
mille et une précautions pour défendre sa vie
contre le poignard des assassins.

« Au moins, lui disait un jour l'un d'eux, ne sor-
tez pas sans une escorte. — Et qui me défendra
contre l'escorte? répliqua le président avec un
sourire ; puis il ajouta avec son imperturbable confiance ce verset des psaumes qu'il avait souvent
médité : « *Si le Seigneur ne garde lui-même la
cité, c'est en vain que veille celui qui la garde.* »

Un acte de confiance suprême mit, deux ans
avant sa mort, le sceau à tous ceux qu'il avait

faits jusque-là. Le peuple entier acclamait Garcia Moreno, s'appuyait sur lui et le considérait comme le sauveur de sa patrie. Lui s'appuyait sur Dieu et, pour le témoigner par un acte public, il résolut, avec l'assentiment du Congrès, de donner au monde un spectacle qui rappelât en plein dix-neuvième siècle les temps de Charlemagne et de saint Louis, en consacrant la République de l'Equateur au Sacré-Cœur de Jésus.

En 1873, une fête, comme le monde n'en a pas vu depuis longtemps, réunissait au pied des autels un peuple tout entier. Il avait été décidé que la fête du Sacré-Cœur, patron et protecteur de la nouvelle république, se célébrerait dans toutes les cathédrales avec la plus grande pompe.

Cette année-là, au même jour et à la même heure, dans toutes les églises du pays devait avoir lieu une même cérémonie. A Quito, l'archevêque prononça au nom de l'Eglise la formule de con-sécration; le président, en grand costume, la répéta au nom de l'Etat. Garcia Moreno avait enfin fondé cette république chrétienne que son génie avait devinée. Il était désormais le chef de la République du Sacré-Cœur.

Et ces actes de foi et de confiance en Dieu n'étaient en Garcia Moreno qu'un faible écho de la reine des vertus, de la charité qui ne meurt point, qui subsistera toujours, alors que ses deux compagnes n'auront plus leur raison d'être. La charité, c'est-à-dire l'amour de Dieu, a ses racines dans l'Eternité où son épanouissement sera complet. La vision divine détruira la foi, la possession du bonheur parfait rendra l'espérance à jamais inutile, l'amour seul n'aura pas de fin, et c'est cet amour que nous verrons croître et grandir dans le cœur de l'héroïque président, au fur et à mesure qu'il se rapprochera de ses immortelles destinées.

Un jour son cœur de père avait laissé échapper un mot sublime : « Pour Dieu, je donnerais tout, même la vie de mon fils ! » Avec ces sentiments-là, donner la sienne ne devait plus lui paraître qu'un jeu.

On voit croître, dans cette âme, cette charité divine poussée jusqu'au désir du martyre. Il s'exprime clairement à ce sujet dans sa dernière lettre à Pie IX, en 1875. Il faut la citer tout entière :

« Très saint Père,

» J'implore votre bénédiction, ayant été, sans mérite de ma part, réélu pour gouverner pendant six années encore, cette république catholique. La nouvelle période présidentielle ne commence que le 30 août, date à laquelle je dois prêter le serment constitutionnel, et c'est alors seulement qu'il serait de mon devoir d'en donner officiellement connaissance à Votre Sainteté; mais j'ai voulu le faire aujourd'hui, afin d'obtenir du ciel la force et la lumière dont j'ai besoin plus que tout autre pour rester à jamais le fils dévoué de notre Rédempteur, le serviteur loyal et obéissant de son vicaire infaillible.

» Aujourd'hui que les loges des pays voisins, excitées par l'Allemagne, vomissent contre moi toutes sortes d'injures atroces et d'horribles calomnies, se procurant en secret les moyens de m'assassiner, j'ai plus que jamais besoin de la protection divine, afin de vivre et de mourir pour la défense de notre sainte religion et de cette chère république que le Seigneur m'appelle à gouverner encore. Quel plus grand bonheur peut-il m'arriver, très saint Père, que de me voir calomnié et détesté pour l'amour de notre divin

Rédempteur ? Mais quel bonheur plus grand encore si votre bénédiction m'obtenait du Ciel la grâce de verser mon sang pour Celui qui, étant Dieu, a voulu verser le sien pour nous sur la Croix! »

La seconde forme de la charité consiste dans l'accomplissement d'un second précepte que Jésus-Christ lui-même a déclaré être semblable au premier. Celui qui aime Dieu comme il doit l'aimer, aime son prochain comme lui-même pour l'amour de Dieu. La vie de Garcia Moreno n'a eu qu'une préoccupation, celle de faire du bien à son prochain.

Or, pour lui, président de république, ce devoir s'étendait au loin. Le premier prochain, celui envers lequel nous avons par la force même de nos relations des obligations plus étroites, le *prochain de Bretagne*, ainsi que l'appelait plaisamment madame de Sévigné, comprenait un peuple entier, tout le peuple équatorien.

Le président voulait d'abord le bien de son âme et il mit tout en œuvre pour le procurer. Il obtint du Saint-Siège la multiplication des évêques, des curés, des desservants, pour faciliter partout le libre exercice du culte catholique. Il

encouragea la création d'un séminaire à Quito
pour la réforme et l'éducation du clergé; il fit
prêcher des missions dans les villes et envoya
des missionnaires jusque dans les plaines reculées
du Napo. La moralisation religieuse des pauvres
Indiens lui tenait à cœur et il fit tout ce qui était
humainement possible pour les arracher à la
barbarie et aux grossières superstitions de la vie
sauvage.

A ce zèle général, Garcia Moreno joignait des
sollicitudes particulières pour l'âme de ses
familiers, de ses serviteurs, de ses amis. On en
cite un trait touchant.

A Quito, la fête de Notre-Dame de la Merci
est d'ordinaire l'objet de pieuses manifestations.
Ce peuple du Sud, ardent, enthousiaste, démons-
tratif, éprouve le besoin de témoigner à la protectrice du pays son amour et sa dévotion. Les
uns lui promettent des messes; les autres, des
neuvaines et des bouquets.

Garcia Moreno avait un ami qui lui était entiè-
rement dévoué. Cet homme, très riche, très
généreux et non dépourvu de sentiments religieux, mettait volontiers ses biens à la disposition du président, mais, par une contradiction

L'appât du gain stimula le zèle des policiers, qui amenèrent un jour
à Garcia Moreno... (Page 214.)

trop fréquente entre ses croyances et sa conduite, il s'éloignait, par négligence peut-être, de la réception des sacrements.

Quelques jours avant la fête de Notre-Dame de la Merci, Garcia Moreno, qui guettait l'âme de son ami tout en priant pour lui, lui dit à brûle-pourpoint : « Mon cher, j'ai promis à la Sainte Vierge un bouquet pour le jour de sa fête, et comme je le fais quand je suis dans l'embarras, je viens vous dire que c'est vous qui en ferez les frais. — Bien volontiers. Faites-le beau, cher ami ; ma bourse vous est ouverte. — Oui, il sera beau, reprit Moreno vivement. J'ai promis à la Sainte Vierge que vous viendrez communier avec moi le jour de la fête. Oserez-vous me démentir ? »

Le pauvre homme, ému jusqu'aux larmes, serra silencieusement les mains de son ami et, quelques jours plus tard, le président et sa conquête s'agenouillaient côte à côte à la sainte table à l'édification de tous.

Si Moreno était si fidèle en amitié, quelle ne devait pas être son affection pour sa famille? A la mort de sa petite fille, que le bon Dieu lui prit à l'âge de quatre ans, cet homme si énergique sanglotait comme un enfant : « Oh ! moi qui me croyais si fort ! murmurait-il à travers ses larmes, en suivant le petit cercueil blanc qui renfermait la dépouille mortelle de l'ange envolée trop tôt.

Tout ce qui était pauvre, infirme et malheureux avait droit à sa sollicitude. Il fonda à Quito deux orphelinats, il réforma le régime des prisons dans le but de moraliser les jeunes détenus. Il eut soin de leur donner des aumôniers qui leur enseignaient la doctrine chrétienne. Des heures d'école et de travail furent fixées dans ce règlement nouveau. Le président visitait lui-même ces malheureux, assistait aux examens de fin d'année et stimulait leur bonne volonté en leur faisant entrevoir la remise d'une partie de leur peine comme récompense de leur bonne conduite.

De même, il parcourait les hôpitaux afin de se rendre compte de la manière dont les pauvres étaient traités. Il fit venir des Sœurs de charité d'Europe pour les soigner et les assister.

L'hôpital de Quito comprenait trois catégories d'infirmes : les lépreux, les aliénés et les malades.

Un jour, les pauvres lépreux, avant l'arrivée des sœurs, se plaignirent amèrement de la nourriture qu'on leur servait. Le président, voulant savoir par lui-même si la plainte était fondée, vint à l'hôpital à l'heure du repas, prit place à table à côté d'eux et, après avoir goûté de chaque plat, fit en effet réformer leur ordinaire.

Quelque temps après, il revint pour voir si ses ordres étaient exécutés. Un des malades, plus exigeant que ses compagnons, recommença ses plaintes. « Mon ami, lui dit Garcia Moreno, aujourd'hui vous avez tort, car je vous assure que que chez moi, Président de la République, je ne suis pas aussi bien servi. »

Toutes les œuvres de charité avaient recours à la bourse du président qui ne se fermait jamais. On a vu qu'il faisait remise à l'Etat de la moitié de sa solde pour alléger le budget. L'autre moitié passait en bonnes œuvres. Vers la fin de sa vie, il disait quelquefois en riant : «J'ai cependant une petite ambition humaine, c'est d'avoir une maison à moi. J'espère un jour pouvoir en bâtir une à Quito et me reposer sous un toit qui m'appartienne ! »

En effet, peu de temps avant sa mort, cette modeste ambition fut réalisée; mais les deniers publics ne contribuèrent en rien à cette construction, car c'est là qu'il plaça les petites économies qu'il avait pu faire dans l'exploitation agricole de l'hacienda de Guachala.

XV

LES VERTUS MORALES
EN GARCIA MORENO

Les vertus théologales ont Dieu directement pour objet. Les vertus morales règlent notre conduite, nos démarches, nos actions, de telle façon qu'elles les mettent en harmonie avec les principes de la foi, de l'espérance et de la charité. On pourrait dire, un peu vulgairement, que les vertus théologales nous font bien penser, et les vertus morales bien agir, c'est-à-dire, pour ne parler que des principales d'entre elles, agir avec justice, avec prudence, avec force, avec tempérance. L'heureux mélange de ces différentes qualités se rencontre dans tous les actes de la vie de Garcia Moreno.

Il est d'usage de citer le saint roi Louis IX rendant lui-même la justice sous le chêne de Vin-

cennes, entouré de ses barons. La simplicité de
vie du président de l'Equateur, le rendant accessible à tous, lui permettait aussi d'exercer lui-
même la justice, une des premières vertus que
le peuple exige de ses chefs.

Les réclamations légitimes faites à Garcia
Moreno étaient toujours écoutées.

Un jour, une pauvre veuve vint accuser
devant lui un individu qui lui avait extorqué dix
mille piastres.

Moreno fait appeler son trésorier et lui fait
remettre immédiatement dix mille piastres à la
plaignante : « Mais, seigneur président, demanda le trésorier un peu inquiet, qui les rem-
boursera? — Un tel », répondit-il en nommant
le voleur, à qui, en effet, il fit payer sa dette.

Un autre jour, le président remarque un vieux
militaire qui faisait de long en large les cent pas
devant sa porte, ayant l'air d'attendre quelqu'un.
En passant devant lui, Garcia Moreno crut
devoir l'interroger : « Qu'attendez-vous donc,
mon ami? — Vous-même, Excellence, pour vous
demander de me faire payer ma solde. Je meurs
de faim, et depuis un mois je n'ai rien reçu. »
Le président va immédiatement interroger le

caissier de l'Etat, qui affirme que le vieux troupier a bel et bien reçu son argent.

« Vous m'avez trompé, dit alors Moreno à
l'invalide, vous mériteriez une forte leçon. »

Le vétéran, fort de son droit, répliqua sans
s'émouvoir : « Si le caissier vous a dit vrai, ses
livres doivent en faire foi ! »

Frappé de l'observation, le Président fait consulter les livres et reconnaît la justesse de l'observation. Séance tenante, il fait prendre la
plume au caissier déloyal : « Ecrivez, lui dit-il, au
chapitre des recettes, cinquante piastres d'amende payées par le caissier pour avoir dit un
mensonge au président de la République ! »

Tout penaud, le caissier s'exécuta, heureux
encore d'échapper à si bon compte à la justice de
Garcia Moreno.

Cette même justice, qui le portait à punir, lui
faisait aussi donner les récompenses à propos.

Un commerçant étranger, établi à Quito, avait
perdu dans les rues de la ville une forte liasse de
billets de banque. Un jeune lieutenant d'infanterie, qui faisait une ronde nocturne, ramassa le
précieux paquet et vint aussitôt remettre sa trouvaille entre les mains du président.

14

Le négociant, prévenu, arrive tout heureux, et, dans sa reconnaissance, offre cent piastres au jeune militaire, qui les refuse noblement.

« Mais, observe Garcia Moreno, je ne vois pas pourquoi vous refusez cette somme. Votre honneur ne doit pas être blessé d'accepter ce qu'on vous offre loyalement. — Si, répond le lieutenant. Mon honneur me le défend, car je ne mérite aucune récompense; je n'ai fait que remplir mon devoir. — Eh bien! dit le président tout ému, si votre honneur vous défend d'accepter une récompense, il ne me défend pas, à moi, de vous en donner une, et vous recevrez aujourd'hui même le brevet de capitaine. »

Cependant, la justice n'était pas toujours aussi facile à rendre. Lorsque l'on avait affaire à de hardis filous, il fallait y joindre la haute prudence dont Garcia Moreno était doué.

Les îles de Gallapagos, rochers perdus sur l'Océan Pacifique, appartiennent à la république de l'Equateur. Elles servirent un jour au président pour prendre dans ses propres pièges, d'une façon originale, un escroc trop adroit, qui avait acheté pour un millier de piastres la propriété d'une pauvre veuve, et s'était fait donner par avance la quittance de cette somme, en promettant de la payer au plus tard dans un mois.

Le mois écoulé, la bonne femme, très simple en affaires, alla réclamer son argent. L'escroc la renvoie brutalement en lui montrant sa quittance. Elle alla aussitôt conter son aventure au Président de la République, qui n'avait rien moins besoin que de la sagesse de Salomon pour résoudre ce cas épineux. La femme avait le droit pour elle, et l'acheteur, la loi. L'esprit avisé de Garcia Moreno sut tourner la difficulté.

Il fait venir le voleur et l'exhorte tout paternellement à bien vouloir payer sa dette. Notre homme a la réponse dans sa poche. Il exhibe aussitôt sa quittance. Moreno s'y attendait.

Alors, d'un ton destiné à lui faire comprendre qu'il n'est pas dupe de sa mauvaise foi : « C'est très bien, lui dit-il. Je suis vraiment au regret d'avoir pu soupçonner la probité d'un honnête homme de votre espèce. Pour vous dédommager de cet affront, je vous nomme gouverneur en chef des îles de Gallapagos; et, comme votre nouvelle dignité vous empêche de voyager seul, je vais vous donner deux agents de police qui vous accompagneront chez vous et vous aideront à faire vos paquets. »

Le voleur, atterré, se retire en songeant à cet exil au milieu des serpents et des bêtes sauvages de ce coin perdu de la république. Il court chez sa créancière, paie sa dette, et la supplie de demander au président la révocation de la sentence. Celle-ci consent à faire cette démarche : « Ah ! dit le président en souriant, il ne tient donc pas aux dignités ? Eh bien ! vous pouvez lui dire que j'accepte sa démission ! »

Une autre fois, une femme d'une fort mauvaise conduite, accusée et convaincue de meurtre, avait été complaisamment jugée par le jury, qui la condamna seulement à quelques mois d'exil. Moreno, indigné d'un jugement qui blessait la conscience publique, et dans l'impossibilité de le réformer, puisqu'il avait été prononcé selon les formes légales, voulut faire sentir aux juges la lâcheté de leur conduite.

Il les fit venir et leur dit carrément : « Vous avez jugé bon de n'infliger que quelques mois de bannissement à une personne notoirement coupable d'assassinat. Il s'agit au moins de faire exécuter immédiatement la sentence. Mes soldats sont occupés et la loi m'autorise à choisir de simples citoyens pour veiller au transport des condamnés. C'est vous-mêmes qui allez conduire cette femme à la Nouvelle-Grenade. »

Les jurés, tout honteux, durent s'exécuter. Ils firent préparer leurs chevaux. Mais, au moment de se mettre en selle, le président, qui voulait rendre la leçon complète, leur fit amener des mulets boiteux et mal équipés : « Tenez, leur dit-il, pour un service public, il est juste que vous voyagiez aux frais du gouvernement. Voilà des coursiers pour faire la route. Ils sont moins boiteux que vos arrêts! »

Cette sévérité, mélangée d'une pointe de malice, Garcia Moreno savait la modérer à propos.

Si le beau pays du Sud est un vrai paradis pour celui qui cultive la terre, grâce à l'abondance, à la richesse de la végétation, on peut ajouter aussi qu'en raison de sa conformation topographique, cette belle contrée est aussi l'Eden des brigands et des voleurs. Les repaires nombreux, introuvables, que recèlent ses montagnes, ses cavernes et ses fourrés, rendent les recherches presque impossibles. Aussi, le brigandage était, sinon un métier honnête, au moins un métier fort

couru. Des bandes s'organisaient ouvertement
pour piller, dépouiller les pauvres voyageurs.
Les bandits, comme en Corse, en Sicile ou dans
les Abruzzes, faisaient la terreur du pays. Moreno
usa d'un habile moyen pour se défaire des brigands. Il promit à la police une forte récompense,
si elle réussissait à faire prisonnier un des plus
fameux chefs de ces hordes redoutables. L'appât
du gain stimula le zèle des policiers, qui amenèrent un jour à Garcia Moreno un des plus redoutables bandits de la contrée.

Celui-ci, qui n'avait pas lieu d'avoir la
conscience tranquille, s'attendait à une sentence
de mort. Moreno connaissait son monde. Il fit
appel aux bons sentiments de cet homme, qui
avait conservé quelques restes de souvenirs religieux, et il le laissa prisonnier sur parole, en lui
imposant pour toute peine de passer, chaque
jour, une heure avec un pieux religieux qu'il lui
désigna, et de venir matin et soir lui faire une
visite à lui-même.

Après quelques jours de ce régime, le brigand,
ému jusqu'aux larmes, promit de se convertir.
On éprouva quelque temps la sincérité de sa
conversion, et finalement, le président, sûr de

son fait, en fit un des chefs de la police, en le
chargeant de lui amener ses anciens complices,
« afin d'en faire, lui dit-il, des honnêtes gens
comme vous. »

Cette audace extrême lui réussit, et le pays,
grâce à ce moyen, se vit bientôt débarrassé de
cette plaie du brigandage qui avait fait des mil-
liers de victimes.

A la justice, à la prudence, est-il nécessaire
d'ajouter, après tout ce qui précède, que le président savait joindre la force, cette force chrétienne qui consiste à surmonter tous les obstacles
qui s'opposent à l'accomplissement du devoir.

De cette force morale, Garcia Moreno avait
d'abord la plus haute idée. Ses appréciations sur
le peuple qu'il avait à gouverner en font foi.
« C'est un peuple profondément religieux, disait-
il un jour mélancoliquement; mais, malgré sa foi,
je crains qu'il ne souffre de la maladie de son
siècle, je veux dire de la faiblesse de caractère.
Une persécution violente, je le dis en tremblant,
ne ferait point parmi nous beaucoup de martyrs.
Il faut absolument relever le courage de nos pauvres Équatoriens. »

C'est cette pensée qui soutenait le président

dans les moments où il devait punir ; car cette vertu de force n'est pas toujours très appréciée de la foule, qui décore volontiers du nom de douceur et de bonté ce qui n'est que de la faiblesse. Pour préférer le bien général au bien particulier, la sécurité de l'avenir au calme momentané du présent, il faut une hauteur de vue que le regard des masses n'atteint pas. Ce courage, lorsqu'on possède l'autorité, est une grande vertu. Vertu difficile à pratiquer, car elle ne porte pas, comme les autres, sa récompense en elle-même. Elle trouve autour d'elle force contradicteurs. Devant le commun des mortels, elle passe le plus souvent pour un abus de pouvoir, et le cœur de celui qui l'exerce, tiraillé en sens contraire, voudrait lui-même se soustraire à la dure obligation que le devoir et la raison imposent.

Ces tiraillements douloureux, Garcia Moreno les a connus, mais la vertu de force est restée victorieuse. Il savait qu'en épargnant le sang de quelques coupables, il ferait verser celui d'un millier d'innocents. C'est pour cela que les jugements rigoureux prononcés contre les traîtres, les déserteurs, les révolutionnaires, les ennemis de son pays, furent toujours sans appel.

« Monsieur l'abbé, lui dit-il humblement, j'ai été, hier, violent et irrespectueux... (Page 231.)

Il résistait, en pareil cas, aux instances de ses amis. Il résista une fois aux larmes de sa mère, qui implorait de lui la grâce d'un criminel notoire. « Ma mère, lui dit-il, demandez-moi ce que vous voudrez, mais pas cela. Mon devoir m'ordonne de repousser votre prière. »

Un jour, ce devoir fut mis à une rude épreuve.

Un de ses anciens serviteurs, qu'il affectionnait beaucoup, s'oublia jusqu'à frapper un de ses chefs militaires. Le conseil de guerre prononça contre lui la peine de mort. On supplia le président de révoquer la sentence. Garcia Moreno répondit, les larmes aux yeux :

« Hélas! je le voudrais, mais ma conscience s'y oppose. »

Au moment où il réorganisait l'armée, il sentait que c'en était fait de la discipline s'il accordait une pareille grâce. Mais il passa en prières, dans une église éloignée, tout le temps de l'exécution, afin de ne pas entendre les coups de fusil et de recommander à Dieu l'âme du pauvre malheureux qu'il aurait voulu pouvoir sauver.

Toutefois, on n'obtient cette force chrétienne qu'au moyen d'une quatrième vertu cardinale qu'il faut pratiquer contre soi-même : je veux dire la tempérance.

Celui qui n'use pas avec sagesse et modération des biens de ce monde ne possédera jamais cette force de caractère qui fait les héros et les saints. Si Garcia Moreno avait l'âme si fortement trempée, c'est qu'il l'avait habituée de bonne heure à dominer le corps de toute la distance qu'il y a entre l'une et l'autre. Quelques exemples de détail suffiront pour le prouver.

On a vu comment, dès son plus jeune âge, il l'avait plié au travail, aux privations, à l'absence de tout ce qui pouvait le flatter. Il ne dévia jamais de cette ligne de conduite. La simplicité, la sobriété, l'horreur du luxe, même du confortable, dans laquelle il avait passé son enfance, sa jeunesse, furent les vertus de toute sa vie. Président de la République de l'Equateur, il n'accorda rien de plus à la mollesse qu'il n'avait accordé à l'écolier de Quito ou à l'étudiant de Paris.

Son esprit logique n'admettait pas, pour un président de République, le faste, la représentation, l'éclat qui entoure un souverain. Il vivait à Quito en simple particulier, ce qui lui faisait gagner du temps et permettait au dernier de ses administrés de l'aborder facilement, sans gêne et sans contrainte.

Il n'acceptait pas d'invitations officielles, pour n'avoir pas à en rendre, ne voulant pas grever le budget de l'Etat d'une dépense inutile, et ne voulant pas non plus prendre sur la part de l'aumône et de la charité pour donner à plus riche que lui.

Sa femme voulut un jour le convertir sur ce point.

Elle lui fit observer qu'il pourrait bien, pour une fois, déroger à ses habitudes et recevoir chez lui les ministres, le corps diplomatique et quelques invités de choix, dans un dîner privé. Pour lui éviter l'excuse d'une dépense inutile ou au-dessus de ses moyens, elle lui offrit cinq cents piastres de sa fortune personnelle pour faire honneur à son invitation.

Le président les accepta. Il sortit pour prévenir son monde, et, toute réflexion faite, il alla directement porter les cinq cents piastres... aux bonnes Sœurs de l'hôpital.

« Voilà ! dit-il en rentrant chez lui et en se frottant les mains. J'ai pensé, ma chère amie, qu'il valait mieux nourrir les pauvres que les diplomates, et les Sœurs m'ont dit que, pour cinq cents piastres, leurs trois cents malades auraient un si bon dîner! »

La senora Moreno se mit à rire; mais l'histoire ne dit pas si elle exprima souvent, par la suite, ses désirs de réception.

Néanmoins, si les grandes fêtes officielles n'entraient pas dans le programme des devoirs du président, il recevait volontiers ses amis, en petit comité, et se rendait chez eux avec plaisir, pourvu que la récréation ne se prolongeât pas trop et ne nuisît en rien aux occupations de sa charge.

Le ministre Carvajal avait invité certain jour le président et les autres ministres à aller visiter, à quelques lieues de Quito, une hacienda qu'il venait d'acheter.

La troupe joyeuse partit à cheval.

Le ministre avait bien fait les choses. On pendit gaiement la crémaillère et lorsque, vers le soir, après une partie de cartes, Moreno parla de départ, Carvajal insiste pour retenir ses hôtes qui ne demandaient pas mieux que de prolonger leur soirée.

« Messieurs, dit le Président, vous ferez

comme vous voudrez, mais vous sentez-vous de
forcé à passer une nuit blanche et à vous trouver
demain dans les bureaux à onze heures ? »

Tous, d'un commun accord, donnèrent une
réponse affirmative. On reprit cartes et cigares
et, vers minuit seulement, les invités reprirent le
chemin de la ville.

Le lendemain, Garcia Moreno arrive au palais
de la présidence et n'y trouve personne. Les
beaux joueurs se reposaient des fatigues de la
veille. Immédiatement, il envoie à chacun d'eux
une estafette avec ordre de se rendre sans délai
à leur poste. Ils ne se le firent pas dire deux
ois, car l'homme du devoir n'aurait pas plai-
santé.

Pourtant, Moreno le reconnaissait. Ce qu'il y
avait pour lui de plus difficile à vaincre, c'était
le sommeil.

« Je puis me passer de tout, disait-il quelquefois, mais je ne puis pas me passer de dormir ! »

On l'a vu voyager à cheval, jusqu'à trois jours
de suite, sans prendre le temps de manger un
morceau de pain. En arrivant au but, il se laissait tomber sur une chaise, dormait quelques

heures, se réveillait pour prendre quelque nourriture. De cette fatigue excessive, après un jour ou deux, il ne paraissait plus rien.

En famille, son ordinaire était excessivement simple. On l'a entendu dire aux pauvres lépreux que leur entretien valait celui du président de la République, et l'affirmation était vraie à la lettre. Faut-il s'étonner après cela des aumônes sans cesse renouvelées qu'une vie de famille aussi modeste permettait à Garcia Moreno de répandre autour de lui ?

Il ne nous reste plus maintenant qu'à parler dans un court chapitre des autres vertus morales du président et à voir si ce caractère si complet n'a pas eu quelques lacunes. Dans une œuvre d'art, plus les effets de clair-obscur sont adroitement distribués, plus le tableau plaît à l'œil. Quelques ombres habilement ménagées ne peuvent que faire admirer davantage l'éclat des couleurs, les jeux de lumière, la fermeté de touche de l'artiste et le prix de la difficulté vaincue.

XVI

LES DÉFAUTS DE GARCIA MORENO

Un vieil adage, banal à force d'être vrai,
répète depuis la création que la perfec-
tion n'est pas de ce monde.

En parcourant d'un œil rapide la vie de Garcia
Moreno, en admirant cette succession de bonnes
œuvres, d'actes éclatants et d'une administration
si sage, on se demande instinctivement s'il n'y
a pas d'exception à cette règle de l'incomplet
qui fait le fond de toutes les choses humaines.
La paresse et la lâcheté universelles aiment à
mettre au-dessus du commun des mortels les
êtres assez forts pour se vaincre eux-mêmes.
Cette admiration facile tranquillise les braves
gens qui avouent humblement n'être pas aussi
bien doués. Quoi! cet homme a fait cela! il a

agi ainsi ! il a eu un tel courage ? Mais oui, c'est
tout simple, c'était un saint ! Qu'on l'exalte !
qu'on le loue ! Nous ne demandons pas mieux !
Faisons-en un être à part ; cela dispense de
l'imitation !

Si le raisonnement n'est pas toujours aussi
précis, la supposition demeure. On voit les heureux résultats de la lutte, on ne voit pas la lutte
elle-même et, pour s'éviter le combat, on juge
plus commode de le nier.

Et pourtant, quoiqu'en aient dit les philosophes
sensibles et crédules, l'homme ne naît pas bon. Il
le devient. Il apporte avec lui en naissant le germe
de tous les défauts. Ce germe tend à se dévelop-
per et produirait selon les divers caractères
des éclosions différentes et multiples, si la volonté
libre, aidée de la grâce qui ne manque jamais
au chrétien, n'étouffait un peu cette végétation de
plantes mauvaises et d'herbes folles. Ce n'est pas
là le travail d'un jour ; c'est l'œuvre de toute la
vie. *Plus on coupe le foin, plus le regain pousse,*
dit un vieux proverbe agricole. Telle est l'occu-
pation de la pauvre nature humaine. Or, Garcia
Moreno était homme ; il eut à tailler toute sa vie ;
et s'il différa tant des autres hommes, c'est qu'il

fut sans cesse occupé à combattre ses défauts et à les empêcher de grandir.

Peut-être même avait-il plus de points défectueux et de difficultés qu'un autre, car il avait les défauts de ses qualités et ses qualités étaient hors ligne.

Comme tous les hommes supérieurs, il voyait les choses de haut et s'indignait facilement des courtes vues de ses collègues. Actif, entreprenant, expéditif, il eût été à l'occasion brusque, impatient, impérieux. Vif, ardent, plein d'élan, ces qualités maîtresses touchaient par quelque point au zèle immodéré et à la colère, et ce ne fut qu'à force d'actes contraires qu'il parvint à modérer une nature bouillante à l'excès.

Combattre courageusement ses défauts n'empêche pas toujours de commettre quelques fautes. Une aventure de la première jeunesse de Garcia Moreno montre jusqu'à quel point la lutte a dû être chaude. Elle ne peut que grandir encore celui qui en sortit vainqueur.

Une discussion fort vive ayant eu lieu entre lui et un jeune officier, Moreno, emporté par la colère, s'oublia jusqu'à employer des arguments assez peu parlementaires et, finalement, alla jusqu'à proposer un duel à son adversaire qui s'empressa de l'accepter.

Mais au jour fixé pour la rencontre, l'affaire avait été ébruitée et l'autorité militaire, qui avait contre le duel des règlements sévères, s'était empressée de faire mettre aux arrêts l'officier oublieux de ses devoirs de chrétien et de soldat.

Moreno va sur le terrain et ne trouve personne. Sa colère se rallume. Il court séance tenante chez l'officier, entre comme un fou dans sa chambre et lui applique, en guise d'explication, un vigoureux soufflet.

Cet acte brutal accompli, il rentra aussitôt en possession de lui-même et, tout honteux, demanda pardon à son adversaire. Il fit de plus la promesse de ne plus jamais accepter un duel, promesse qu'il tint religieusement.

On aime à rapprocher cette fougue, cette impétuosité, du calme qu'il témoigna plus tard lorsque ses ennemis politiques l'accablaient dans les journaux de calomnies et d'injures. Il ne se défendait que lorsque la justice, l'honneur, la religion, sa dignité de président étaient intéressées à cette défense. Quand on n'atteignait que sa personne, ses sentiments chrétiens savaient tout dominer.

« Je suis trop heureux, disait-il souvent, d'être traité comme Jésus-Christ et son Eglise. »

Un religieux, indignement calomnié, écrivait un jour au président pour lui raconter sa peine. Il en reçut cette réponse qui dévoilait le fond de son âme et les efforts qu'il avait faits pour arriver à cette douceur, à cette humilité chrétiennes, que son caractère lui rendait difficiles :

« Je compatis à vos peines, mais vous avez eu une magnifique occasion de vous enrichir pour l'éternité. Les coups qui vous atteignent vous paraîtront moins rudes si vous les comparez à ceux dont on m'accable tous les jours. Faites comme moi ; mettez l'outrage au pied de la Croix et priez Dieu de pardonner aux coupables. Demandez-lui qu'il me donne assez de force, non seulement pour faire du bien à ceux qui répandent sur moi, par leurs paroles ou leurs écrits, les flots de haine qu'ils ont dans le cœur, mais encore pour me réjouir devant Dieu d'avoir à souffrir quelque chose en union avec Notre-Seigneur. C'est pour moi un vrai bonheur en même temps qu'un honneur immérité de subir les insultes de la Révolution en compagnie des ordres religieux, des évêques, et même du Souverain Pontife. »

Garcia Moreno ne connaissait pas la rancune et il ne craignait pas de faire les premières avances à ceux qui l'avaient offensé.

Un officier de ses amis, mécontent de ses procédés, affectait envers lui une très grande froideur et finalement il alla jusqu'à ne plus le saluer lorsqu'il le trouvait sur son chemin. Le président s'aperçut bien vite de cette impolitesse calculée et, le rencontrant un jour dans la rue, il voulut brusquer une réconciliation. Il va droit à l'officier, se penche vers lui et lui dit bonnement : « Allons ! Tu es fâché, mon cher. Veux-tu ma tête ? Tiens ! la voilà ! »

Le boudeur, stupéfait et touché, s'empressa de lui tendre la main.

Ces actes répétés n'empêchaient pas le regain de pousser.

Moreno était occupé du matin au soir aux graves affaires de la République et dérangé à chaque instant de ces mêmes affaires par les solliciteurs et les importuns. Aussi, l'impatience, cet oiseau aux ailes légères, élisait volontiers domicile dans le cabinet du président.

Certain matin qu'un architecte maladroit avait rendu Garcia Moreno un peu plus nerveux que d'habitude, il travaillait avec ardeur pour réparer la bévue et avait consigné sa porte, lorsque, sans respecter la consigne, on introduit dans son bureau un ecclésiastique qu'une affaire, peu importante d'ailleurs, amenait au palais.

Il le reçut peu aimablement et, après avoir écouté l'exposé de sa demande, il le congédia en lui disant froidement : « Ce n'était vraiment pas la peine, monsieur, de vous déranger et de me déranger pour une pareille vétille. »

La remarque était mortifiante et le prêtre y fut fort sensible.

Toutefois, le lendemain, il n'y pensait plus, lorsqu'il voit arriver chez lui le président très empressé : « Monsieur l'abbé, lui dit-il humblement, j'ai été hier violent et irrespectueux et j'arrive tout au matin pour vous en demander pardon. »

Cette humilité se traduisait parfois d'une manière charmante.

Un professeur de botanique, qui avait découvert une plante nouvelle, lui demanda la permission de lui donner son nom :

« Si votre fleur est rare et jolie, lui répondit le président, et si vous voulez me faire plaisir, laissez-moi de côté et faites-en hommage à la flore du ciel. Au lieu de *Tacsonia-Garcia-Moreno*, appelez-la *Tacsania-Mariæ*.

Outre l'impatience, la hauteur, la vivacité, le président de l'Equateur avait à se défier d'un défaut plus rare, plus subtil, que le commun des mortels pardonne peu.

C'est une mode, une tendance ou un travers d'être sévère pour les gens d'esprit. Toute supériorité choque le vulgaire. Avoir trop d'esprit est toujours un grand défaut, surtout aux yeux de ceux qui n'en ont pas assez ! Or, Garcia Moreno avait énormément d'esprit. Il lui échappait parfois une boutade, un mot heureux, bien appliqué, qui froissait l'amour-propre de ceux qui en étaient l'objet ; et ces saillies, qu'il se reprochait tout le premier, exagérées par la malice ou la méchanceté de ses adversaires, étaient exploitées contre lui avec une injustice, une mauvaise foi passionnées.

Il se surveillait sous ce rapport et mettait dans

La première diligence fit le trajet entre Quito et Guayaquil... (Page 256.

ses résolutions cette phrase significative : *Ne pas excéder en paroles.* Il remporta sans doute plus d'une victoire sur lui-même, mais ses ennemis et ses envieux entendaient ce qu'il disait sans pouvoir tenir compte de tout ce qu'il ne disait pas ; et ils renchérissaient sur ces réflexions primesautières qui blessaient plus la charité humaine que la charité divine, car il y manquait toujours ce qui, d'après le catéchisme, en aurait fait la malice : « un parfait consentement ».

D'ailleurs, les gens stigmatisés par les bons mots du président ne l'étaient jamais que pour des faits concernant leur vie politique. Lorsqu'on se lance dans la vie publique, on n'a plus le droit de réclamer contre les appréciations publiques. Aussi ne pourrait-on reprocher à Garcia Moreno des phrases telles que celle-ci :

Voyant un jour passer dans la rue deux individus incapables qui briguaient le pouvoir et intriguaient pour l'obtenir : « Voilà, dit Garcia Moreno, la nullité en deux tomes. »

Il écrivait aussi à propos d'un ministre qui, sous la dictature d'Urbina, avait fait le malheur du pays :

« De rien on ne fait rien, dit-on. Mensonge

fieffé !. De rien on fait sans peine un chef de
ministère et peut-être, avec le temps, quelque
chose de plus. »

L'esprit tout seul peut être un défaut. Ce défaut est bien atténué lorsque la bonté se joint à
l'esprit. Or, le président était bon, foncièrement
bon, si bon, qu'il était sans cesse escorté dans la
rue par les pauvres, les souffrants, les solliciteurs,
sûrs d'être toujours accueillis. C'est cette bonté
qui attirait à lui le cœur du peuple équatorien.

On a vu sa sollicitude pour les orphelins, les
malades, les prisonniers ; cette bonté s'exerçait
individuellement sur les malheureux qu'il rencontrait sur son chemin et qui n'avaient aucun
titre à la charité officielle. Les pauvres, les petits, les enfants trouvaient tout naturellement le
chemin du cœur du président qui rachetait par
des actes de charité bienveillante les saillies
échappées à la vivacité de son esprit.

On cite de lui des traits de bonté touchants.

Il se promenait un jour dans la rue avec
quelques amis, lorsqu'ils rencontrèrent sur la
route un petit garçon fondant en larmes. Le
président interpelle le bambin et lui demande la
cause de ce grand chagrin.

— C'est ma mère qui vient de mourir, répliqua l'enfant en sanglotant.

Garcia Moreno lui demande son nom, son adresse et, apprenant qu'il est le fils d'un des braves officiers de l'armée, laisse là ses amis, prend le garçonnet par la main et va, séance tenante, adoucir par sa présence la grande affliction d'une famille cruellement éprouvée.

Les exemples de ce genre abondent, et si l'on pouvait, en présence d'un pareil homme, s'étonner de quelque chose, c'est qu'après avoir donné son temps à des actes de charité si détaillés et si multiples, Garcia Moreno ait trouvé le secret de doubler les heures et d'accomplir pour le bonheur de l'État les grands travaux qui feront l'objet du chapitre suivant.

XVII

SIX ANNÉES DE PAIX

Les efforts de Garcia Moreno pour faire du peuple équatorien un peuple moral, fort, instruit, heureux et prospère, eurent, pendant les six années qu'il gouverna paisiblement la République, de si magnifiques résultats, que ce court espace de temps suffit pour immortaliser le génie créateur et organisateur qui a su faire d'un pays ruiné, affaibli par les guerres civiles et le désordre qui en découle, un centre de civilisation où les arts, les lettres, les sciences, l'industrie, l'agriculture fleurissaient en dépit de toutes les difficultés.

Cet homme avait vraiment le génie de l'organisation.

On a admiré la hauteur de son intelligence, la

profondeur de sa science, son courage, ses talents militaires, la rapidité de ses conceptions, sa
promptitude d'exécution, et tout cela n'était rien
à côté de cette qualité maîtresse qui est le grand
art du gouvernement. L'esprit d'organisation est
le plus puissant levier de l'autorité. Il double, il
triple le temps et les moyens de le bien employer.
Il exige cette connaissance des hommes qui met
chacun à sa place et tire parti de toutes les aptitudes, de toutes les bonnes volontés. Il se crée
partout des auxiliaires; en un mot, il fait des miracles, car l'on est vraiment tenté de qualifier de
miraculeux le travail du président pendant son
passage au pouvoir.

Il est vrai qu'il ne perdait pas ses heures et
que son temps uniformément réglé ne laissait
rien à l'indolence, à la paresse, à l'indécision.
Deux vertus tout humaines lui avaient révélé le
secret du succès en ce monde : l'ordre et la persévérance. Faire les choses avec ordre, exiger
cet ordre autour de lui ; les faire avec persévérance en dépit de tous les obstacles, tels furent
les principes invariables de l'éminent homme
d'Etat.

Levé dès cinq heures du matin, aussitôt la

messe entendue et sa dévotion satisfaite, il se mettait au travail. Après son déjeuner, servi à dix heures, on le voyait se diriger vers le palais du gouvernement où les affaires le retenaient jusqu'à l'heure du dîner fixée à quatre heures. Après dîner, une course ou une sortie qui avait toujours pour objet des travaux à inspecter, à surveiller. Garcia Moreno passait ensuite sa soirée en famille, congédiait à neuf heures, après la prière faite en commun, ses amis et ses serviteurs et prolongeait la veillée, assis solitairement à sa table de travail jusqu'à minuit.

Tel était l'ordre invariable des journées ordinaires du président.

Il avait pour règle fixe de ne jamais laisser derrière lui une affaire en souffrance. Pas de remise. Garcia Moreno savait d'expérience que les gens en retard n'arrivent à bout de rien. Fût-il mille fois plus fatigué, plus dégoûté parfois des hommes et des choses, le travail quotidien était déterminé dès le matin et il ne s'accordait jamais la licence, chère aux paresseux, de remettre au lendemain une lettre à écrire ou une affaire à terminer.

« Mais, lui disait-on quelquefois, vous ne

pouvez pas vous tuer? Reposez-vous et l'on attendra. — Non, répondait-il, Dieu seul peut faire attendre. Moi, je n'ai pas ce droit. Lorsqu'Il voudra que je me repose, il m'enverra la maladie ou la mort. Sa volonté alors me sera clairement manifestée. »

« Le secret de la plus grande force que Dieu ait donnée à l'homme est dans la persévérance. » Cette parole, que nous avons prise pour épigraphe, prononcée il y a vingt ans par l'illustre ecclésiastique qui tomba à Paris sous les balles des assassins de la Commune, aurait pu être la devise de Garcia Moreno.

Par caractère, il était entreprenant. Mais cette ardeur juvénile sert de peu dans la vie si la persévérance ne s'y joint. Ses entreprises à l'Equateur témoignent d'une audace qui a conscience de sa force, mais son succès fut le résultat d'une persévérance qui avait lieu d'être rebutée à chaque pas par les difficultés de la lutte.

Dans ce pays lointain, perdu, isolé, en dehors de la politique des républiques voisines, tout était à créer, tout était à faire. L'ordre moral n'était qu'un mot et l'ordre matériel n'existait pas. L'armée, l'instruction publique, l'administration, le

commerce, l'agriculture, tout était en désarroi.
Et, par surcroît de misère, les caisses publiques
étaient vides.

Moreno avait étudié en France l'organisation
de l'armée. Ses études scientifiques l'avaient ini-
tié aux changements, aux perfectionnements
apportés aux armes de précision en usage en
Europe. Il fit des dépenses considérables pour
armer et équiper les soldats équatoriens selon le
progrès moderne.

Le mode de conscription, la distribution des
grades, la discipline militaire furent empruntés
aux usages français. Une école de cadets fondée
à Quito sur le modèle de Saint-Cyr forma les
jeunes officiers, jusqu'alors fort peu instruits, et
il ne craignit pas d'en envoyer un certain nombre
sur le Continent, notamment en Prusse, pour les
habituer aux manœuvres des armées étrangères.
Aussi, la petite armée équatorienne devint-elle
bientôt leur égale.

Sous le rapport moral et religieux, faut-il
ajouter que cette armée leur était bien supérieure? Des prêtres, des aumôniers furent attachés à chaque bataillon et l'on vit les pieux soldats de la République du Sacré-Cœur, outre les

exercices religieux des fêtes et des dimanches, suivre chaque année avec fruit ceux d'une retraite qui produisit les plus heureux résultats.

Le président était l'âme de ce changement. Il fit pour l'instruction du peuple ce qu'il avait fait pour l'armée.

L'éloignement des habitations, la difficulté des chemins, la négligence des habitants qu'un soleil de feu rend paresseux et mous, l'absence de maîtres dévoués semblaient rendre impossible la création de nouvelles écoles. L'Equateur en comptait peu et seulement dans les grands centres.

Pendant ces six années, le président en fonda plus de deux cents pour lesquelles il fit venir des religieux et des religieuses d'Europe. Et, comme malgré le zèle et le dévouement des congréganistes, ceux-ci ne pouvaient suffire à la tâche, il fonda sous leur direction une école normale, afin de former des instituteurs capables de les seconder.

Une fois les maîtres trouvés, croirait-on que le plus difficile était de leur obtenir des élèves ?

A l'Equateur, la richesse du sol, qui produit beaucoup avec peu de travail, a habitué les ha-

bitants à une paresse que leur indolence naturelle
nourrit encore. Plier des enfants au travail,
c'est-à-dire à la fréquentation régulière de l'école,
n'était pas le côté le plus simple de l'entreprise.

Garcia Moreno était de son temps et de son
époque. Il n'hésita pas à employer les moyens
qui dans le système moderne peuvent être bons,
en évitant toutefois les abus que l'Europe civi-
lisée ne redoute pas assez.

Il déclara l'instruction *gratuite* et *obligatoire*,
mais en faisant une juste exception pour les gens
nécessiteux, incapables ou retenus par une impossibilité matérielle dont il fallait tenir compte.
Si les parents avaient un besoin absolu de l'assistance des enfants, si l'éloignement, les difficultés du chemin empêchaient de fréquenter
l'école, on en était légitimement dispensé. Mais,
en revanche, pour stimuler l'ardeur et le zèle des
paresseux, les parents étaient passibles d'une
amende lorsque les enfants étaient convaincus
d'absences non motivées. Il fallait savoir lire et
écrire pour avoir le droit de voter avec les autres
citoyens.

De plus, les années d'école n'étaient pas pro-
longées outre mesure. L'instruction obligatoire

s'appliquait aux enfants de huit à douze ans. Le président opinait que quatre années pouvaient suffire pour donner à un élève régulier et appliqué les notions primaires suffisantes pour se conduire dans la vie. L'instruction religieuse et les principes chrétiens achevaient du reste largement ce que l'école avait commencé.

A cette instruction primaire, le président tenait énormément. Il fit pour cela sans marchander les plus larges dépenses. Il y tenait, dans un certain sens, plus qu'aux études secondaires ou supérieures, parce, disait-il, elle s'applique au plus grand nombre. Il ne voulait pas que la République du Sacré-Cœur fût une nation de savants, mais il tenait à ce qu'on y trouvât le plus possible de gens instruits des choses essentielles. Persuadé comme il l'était des funestes résultats de l'ignorance, il eût préféré toutefois laisser son peuple dans cette ignorance, si l'instruction mal comprise eût dû corrompre les mœurs. Il n'hésitait pas à dire à l'occasion comme Quintilien : « Il faut savoir préférer la vertu à la science. »

Et cependant, la science avait été l'unique passion du président.

Cet homme si intelligent, d'une érudition, d'un

savoir universel, avait une grande ambition : celle de fonder à Quito une université vraiment catholique, aussi recommandable par le savoir éminent des professeurs que par la sûreté de leurs principes religieux.

Pour trouver ces maîtres hors ligne, il fallait les faire venir d'Europe.

Moreno ne recula devant aucun sacrifice d'argent.

Il demanda aux Jésuites allemands des chimistes, des physiciens, des mathématiciens et des naturalistes ; à la faculté de médecine de Montpellier, d'excellents professeurs ; à l'Italie, des docteurs en droit et en théologie. Quant aux instruments nécessaires pour ce haut enseignement, il fit venir d'Europe les objets les plus perfectionnés en ce genre. Il dépensait sans compter. Cabinet de physique, instruments de mécanique et d'optique, collection de zoologie, de minéralogie, de botanique ; l'université de Quito n'avait rien à envier aux organisations les plus complètes de l'Ancien et du Nouveau-Monde. Un jour son correspondant de Paris lui faisait observer qu'un envoi réclamé par lui coûterait cent mille francs. La réponse ne se **fit pas attendre :**

« Achetez ce qu'il y a de meilleur et de plus beau et ne vous inquiétez pas du reste. »

A l'Université, Garcia Moreno joignit une académie des Beaux-Arts. Ce peuple du Sud, à l'imagination ardente et enthousiaste, aux impressions vives et spontanées, est plus accessible qu'un autre aux émotions artistiques. L'art le touche plus que la science. La peinture, la sculpture prirent, sous le gouvernement de Garcia Moreno, un essor nouveau. Quant à la musique, ses rapports avec les pompes religieuses stimulèrent le zèle du président, qui savait d'ailleurs aussi bien soutenir une conversation sur la fugue et le contre-point que sur l'art militaire ou la mécanique. Il fit venir des artistes de Rome, y envoya des élèves qui devinrent à leur tour les professeurs du Conservatoire national de Quito.

Après avoir considéré ces fondations multiples, croirait-on qu'elles n'eurent lieu qu'au milieu de mille et une contradictions ? A l'Équateur, comme dans toute l'Amérique, on est utilitaire avant tout. On n'y apprécie que du bout des lèvres toute science spéculative.

« A quoi bon tant de science ? disait le public mécontent. A quoi bon ces machines ? ces pro-

Il avait été transporté dans la cathédrale... (Page 277.)

fesseurs? cet argent dépensé en pure perte? »

On aura une idée complète de la mollesse, de l'apathie équatorienne en apprenant qu'à l'université de Quito, où l'on pouvait prendre gratuitement ses inscriptions, il fallut, pendant les premiers temps, accorder vingt piastres par mois de gratification aux élèves qui voulaient bien en suivre les cours.

Le génie et la puissance de Garcia Moreno s'intéressaient à tout.

Quito, par sa position exceptionnelle sous la ligne équatoriale, à trois mille mètres au-dessus du niveau de la mer, lui parut un poste unique au monde pour y établir un observatoire. Des astronomes distingués avaient plus d'une fois applaudi à ce projet. Seulement, la dépense devait être si considérable qu'il tenta de faire de cette entreprise une œuvre internationale.

En 1865, il s'adressa tout d'abord à la France, qui répondit par un refus. L'Angleterre, les Etats-Unis firent de même la sourde oreille. Alors Moreno, qui ne reculait devant rien, entreprit l'ouvrage sans le secours de personne. En quatre ans, le projet était exécuté. Un télescope, le plus fort du monde connu, coûta à lui

seul cinq mille piastres. L'illustre associé du
P. Secchi, le célèbre astronome de la Compagnie de Jésus, le P. Menten, allait s'installer à
l'observatoire de Quito ; mais Garcia Moreno
n'eut pas la joie de constater lui-même l'utilité
de son œuvre : la révolution allait accomplir le
crime médité depuis si longtemps.

Les créations matérielles du président de
l'Equateur allaient de pair avec les réformes morales.

Ceux dont la conduite portait atteinte à l'ordre
et à la moralité publique n'étaient pas tran-
quilles sous le gouvernement de Garcia Moreno,
car il avait fait édicter contre eux les peines les
plus sévères.

Avant lui, les articles du code sur les circonstances atténuantes épargnaient jusque-là
aux malfaiteurs un châtiment mérité.

Le criminel avait-il un naturel colère, craintif?
circonstance atténuante ! Etait-il nécessiteux?
circonstance atténuante ! Avait-il, au contraire,
dans son passé quelque acte de bonté ou de
simple politesse? circonstance atténuante ! Avec
ce système, qui atténuait tout, les plus grands
misérables couraient les rues librement et se

tiraient d'affaire avec quelques jours de prison.

Le président fit rétablir la peine de mort. Il décréta d'autres peines contre les blasphémateurs, les perturbateurs du repos public et du repos des familles, et aussi contre les ivrognes.

Cette dernière catégorie de coupables préoccupait fort Garcia Moreno. Les ivrognes perdaient, par le fait même d'une surprise en flagrant délit, leurs droits de citoyen. Les cabaretiers, leurs complices, étaient passibles de fortes amendes, et, malgré ces précautions, le président reconnaissait, sur ce point, l'inanité de ses efforts. Il disait que l'ivrognerie était tout à la fois un vice et une maladie, et il affirmait qu'il fallait créer des hospices pour ces pauvres fous volontaires, et tenter de les moraliser par un travail, en plein air, suivi et régulier.

Le travail en plein air, le travail agricole lui paraissait, en effet, un des moyens les plus puissants de régénération morale. Aussi, protégeat-il constamment l'agriculture, sans négliger pour cela l'industrie, qui ne prit son essor à l'Equateur que sous son gouvernement.

Car l'agriculture, le commerce, sauf à Guayaquil, que sa situation exceptionnelle favorisait,

étaient positivement lettre morte dans la république du Sud. A quoi bon cultiver et récolter
plus de denrées que la population n'en pouvait
consommer, puisque la vente et le transport des
marchandises étaient impossibles, par suite du
mauvais état des chemins? Tout le plateau était
isolé du reste du monde, grâce à ce manque de
communications. Les voyages, faits à dos de
mulet, interdisaient toute exportation; et lorsque
quelques voix timides émettaient le vœu de voir
un jour une diligence relier Quito à Guayaquil,
les plus sages haussaient les épaules et quali-
fiaient ce rêve d'impossible.

Et c'est ce rêve impossible que le président a
réalisé.

Cet ouvrage gigantesque exigeait environ cent
ponts et quatre cents aqueducs. De moins audacieux que Garcia Moreno se seraient découragés.
Mais rien ne le décourageait. Les obstacles, au
contraire, semblaient stimuler son ardeur.

Ils ne lui manquèrent pas.

Un premier tracé, exécuté à grands frais par
un ingénieur européen, devint inutile. L'ingénieur, trompé par ce terrain si accidenté, prit une
fausse direction. Il fallut recommencer le travail.

Une fois le parcours arrêté, il y eut à lutter contre le mauvais vouloir des propriétaires qui se refusaient à l'expropriation de leurs terres, par intérêt personnel ou esprit de contradiction.

Moreno fut obligé de se montrer inflexible.

Il avait à combattre même les opinions de ses amis. L'un d'eux lui disait énergiquement : « Changez votre tracé, car vous me passerez sur le corps avant de passer sur mes terres. — Eh bien! lui fut-il répondu, on passera sur votre corps, mon cher; car le plan de la route ne déviera pas d'une ligne! »

D'autres opposants, avides de spéculation, jugeaient le moment opportun pour faire un coup de fortune.

Un propriétaire, dont la route coupait en deux le terrain, exigeait le prix entier de l'hacienda qu'il prétendait désormais sans valeur à cause de cette servitude. Moreno n'hésita pas.

« Combien estimez-vous votre terre ? demanda-t-il à l'homme d'affaires. — Cinq cent mille piastres. — Eh bien! je vous l'achète et je vous la paie comptant. Seulement, quand vous l'avez estimée pour payer les impôts, elle n'en valait, disiez-vous, que cinquante mille. Vous avez donc depuis trente ans fraudé le gouvernement, et vous allez lui payer une somme proportionnée avec les intérêts.

Le marchand, pris dans ses propres filets, s'empressa de retirer sa réclamation et s'estima trop heureux de recevoir le prix de la parcelle expropriée.

Enfin, après dix ans de travaux, le 23 avril 1873, la première diligence fit le trajet entre Quito et Guayaquil. L'archevêque bénit solennellement les voitures. Non content d'avoir mené à bien ce travail extraordinaire, le président entreprit encore quatre autres routes dans les provinces du Nord et du Sud, et il eut la consolation avant de mourir de penser qu'il avait doté sa patrie d'une source féconde de richesse et de progrès.

Ce que le président avait fait pour les chemins publics, il voulut l'entreprendre dans les rues de la capitale.

Quito était une ville de boue, un marais fangeux où la circulation, difficile pour les piétons, était impossible aux voitures. La ville, élevée en amphithéâtre, réclamait un travail de nivellement.

Garcia Moreno l'entreprit.

Mais les travaux avaient nécessairement pour conséquence d'enfouir certaines habitations et de dégager celles de la partie haute de la cité. Là-dessus, cris et réclamations des propriétaires qui se sentaient plus ou moins lésés.

Le président laissa crier et continua à *défricher* les rues, comme si de rien n'était. Aujourd'hui, Quito est une gracieuse et souriante cité que les étrangers admirent et dont les habitants ne songent plus à se plaindre.

Car, ce qui mettait, on le comprend, le comble à la satisfaction des contribuables, c'est que ces embellissements, ces œuvres d'utilité publique s'opérèrent sans qu'il y eût une seule augmentation d'impôts. Au contraire, certaines contributions, certaines taxes, certains droits de douane furent détruits ou diminués; et, après trois ans d'administration, Garcia Moreno avait trouvé moyen de doubler les rentes de l'Etat et d'amortir la plus grande partie de la dette publique.

Cet homme était donc sorcier?

Non. Il était tout simplement honnête, sage, prudent, économe, modeste dans ses goûts; et il exigeait les mêmes qualités de tous les fonctionnaires. « Je suis président, non pour m'enrichir, mais pour enrichir mon pays, disait-il. » Et cet axiome, il voulait le voir pratiquer du haut en bas de l'échelle administrative. Il vivait en paix avec ses voisins, ce qui épargnait les frais de guerre et permettait de réduire l'effectif de l'armée.

Les révolutions coûtent cher. Le président avait réduit cette dépense en dominant l'anarchie. Sous sa paternelle domination, la confiance publique, la sécurité firent grandir le crédit ; et enfin, il faisait une politique chrétienne, qui est la seule politique féconde, et il voyait réaliser dans sa chère patrie la parole des saints Livres qu'il mettait si bien en pratique : *Cherchez d'abord le royaume de Dieu et sa justice, **et le reste vous sera donné par surcroît***

XVIII

HISTOIRE D'UN CRIME

Malgré tant de services rendus à la patrie, la politique chrétienne de Garcia Moreno, admirée et comprise du plus grand nombre, trouvait dans le peuple équatorien un parti d'opposition.

Les anciens partisans d'Urbina, de Roblez et de Franco, exilés au Pérou, gardaient au fond de leur cœur une fureur impuissante contre l'homme qui avait ruiné leur empire. Quelques groupes de mécontents, d'ambitieux, d'hommes sans principes, conservaient avec eux, à Guayaquil et à Quito, des communications secrètes.

C'était là un foyer de révolutions, de complots, de conspirations sourdes, qui devaient aboutir un jour à un crime longuement prévu et médité : l'assassinat du président.

Dès les premiers temps de cette période de six années de paix qui devait régénérer le pays, la secte avait dévoilé ses infâmes projets.

La nouvelle constitution fut le prétexte naturel d'une tentative heureusement déjouée.

Une poignée d'assassins, soudoyés par la révolution, avaient reçu pour mot d'ordre de se précipiter un jour avec ensemble sur le président et de le frapper à coups de poignard.

C'était au commencement du mois de décembre 1869.

Parmi les meurtriers se trouvait un jeune homme, le plus fanatique de tous peut-être, nommé Manuel Cornejo. Un autre, du nom de Sanchez, fut, presque à l'heure de l'exécution, pris d'un remords subit, et il vint tout avouer à Garcia Moreno.

Surpris, les misérables furent à l'instant saisis et déférés au conseil de guerre qui prononça contre eux une condamnation à mort.

Cornejo, très jeune encore, fut pris dans sa prison d'un véritable accès de désespoir. La veille de l'exécution, il se traîna aux pieds du colonel Dalgo, son gardien, en le suppliant de lui amener le soir même le président auquel il avait à faire, disait-il, d'importantes révélations.

Il était tard. Le colonel hésitait.

Enfin, vaincu par ses sollicitations, il se rend au palais et ramène avec lui Garcia Moreno qui flairait presque un piège.

Il fut assez surpris de voir le criminel se jeter à ses genoux, affecter les allures du plus profond repentir, alléguer sa jeunesse et son innocence et demander sa grâce avec une telle insistance que le président n'y résista pas.

Il s'agissait d'un attentat contre sa personne. Il avait droit de pardon. Aussi, il commua la peine de mort en un exil de huit années.

Et comme pour donner raison à la fermeté dont le président avait jusque-là fait preuve envers les malfaiteurs, l'innocent Cornejo, à peine à la frontière, publia un pamphlet contre son bienfaiteur. Dans cet écrit, il excitait de plus belle les passions révolutionnaires et désignait le tyran Gabriel Garcia Moreno à la vindicte publique.

Ces excitations à la haine, à la révolte, à l'assassinat, se reproduisirent sous différentes formes pendant cette heureuse période présidentielle durant laquelle Moreno opéra les merveilles de rénovation dont nous avons parlé.

En 1875, une nouvelle élection allait susciter
les ambitions rivales et les passions mauvaises.

La popularité de Garcia Moreno était incon-
testable et incontestée. Le renverser du pouvoir
n'était pas chose facile. Sa nomination paraissait
d'autant plus assurée que, de tous côtés, quelques
mois avant la saison électorale, des pétitions s'organisaient partout en sa faveur. L'enthousiasme
pour l'homme de génie, l'homme nécessaire à
l'Equateur était à son comble.

Vouloir lui opposer une des créatures d'Urbina eût été tout simplement une folie. Les révolutionnaires le comprirent. Ils résolurent de
changer de tactique.

Le président, à l'encontre de la plupart des
candidats, ne travaillait guère son élection. Ses
amis même le lui reprochaient.

Il ne la refusait pas non plus. Il ne voulait
exercer aucune pression sur ses électeurs, mais,
d'un autre côté, il ne voulait pas se retirer devant les menaces des révolutionnaires. Ceux qui
l'aimaient et tremblaient pour sa vie auraient
voulu le voir moins impassible devant le danger.

« Retirez-vous, lui disait-on, ils vous assassi
neront. Ou bien, faites travailler assez l'opinion

publique pour qu'elle vous soit sûrement favorable ! »

Garcia Moreno ne goûtait ni l'un ni l'autre conseil.

— Si, par crainte de la mort, disait-il à son beau-père, je faisais travailler à ma nomination, je me croirais un lâche et un ambitieux. Si, par la volonté de Dieu, le peuple me donne ses suffrages, j'accepterai la présidence, parce que ce sera mon devoir.

Il n'y avait pas moyen de le faire sortir de là.

La situation se tendait chaque jour davantage. Le moment était venu pour la révolution de tenter un effort désespéré.

Dans le camp même du président, il y avait bien des nuances. Quel parti politique a jamais pu se vanter de rallier les esprits sur tous les points discutés ?

Garcia Moreno comptait de vrais amis, sincères et dévoués. Il avait aussi des adversaires, des antagonistes, qui combattaient sous le même drapeau que lui. Certains libéraux, qui faisaient sonner bien haut leur titre de catholiques, formaient un parti d'opposition que le président contrecarrait ouvertement. C'est de ce côté que les anarchistes, faisant subitement volte-face, espérèrent trouver le salut.

Un de ces catholiques, soi-disant libéral, fut choisi par la secte comme candidat d'opposition.

C'est, dans les situations difficiles, ce que l'on appelle un moyen mixte. S'il ne réussit pas toujours, du moins il affaiblit la partie adverse, il divise ses forces et il embrouille tout ; ce qui, pour les gens qui aiment à pêcher en eau trouble, est toujours un résultat appréciable et apprécié.

Borrero, — c'était le nom du candidat en question, ne se faisait pas illusion sur ses chances de succès. Il en voulait presque à ses partisans de l'exposer à un échec certain ; mais il les laissa faire.

Au mois de mai, l'élection eut lieu. Vingt-trois mille suffrages maintinrent triomphalement Garcia Moreno sur le siège présidentiel. La ruse *borrériste* n'ayant pas réussi, les sectaires ne reculèrent pas devant le crime. La révolution allait demander au poignard de terminer la lutte.

Au Pérou, Urbina surveillait et conseillait de loin les meneurs de Quito, mais il ne cacha pas assez bien son jeu pour surprendre à l'improviste

Le peuple ameuté, voulant à tout prix se saisir du meurtrier, vint dans le bois et mit le feu aux arbres. (Page 282.)

celui que sa rage impuissante poursuivait depuis
tant d'années.

Jamais pourtant l'intrigue et l'astuce ne furent
plus fécondes en inventions.

Urbina correspondait avec quelques jeunes
exaltés de Quito et un individu nommé Cortès,
originaire du Pérou, qui fréquentait assidûment
les salons du ministre péruvien.

Cet homme, dont les allures suspectes avaient
éveillé la vigilance de la police, employait pour
sa correspondance des moyens d'une audace
exceptionnelle. Il alla jusqu'à écrire à Urbina
sous le couvert du président lui-même.

Un jour, un aide-de-camp de Garcia Moreno
posa quelques lettres sur le bureau du président
afin d'y faire apposer l'estampille du gouvernement. Celui-ci, pris d'une inspiration subite, ouvrit une de ces lettres et y trouva une seconde
enveloppe à l'adresse d'Urbina.

Au mois de juillet 1875, Mgr Vanutelli,
légat apostolique, allait s'embarquer à Guayaquil pour revenir en Europe, lorsqu'il reçut de
Lima un paquet de missives à son adresse. Une
de ces lettres en renfermait une autre sous enveloppe cachetée destinée à l'avocat Polanco.

Mgr Vanutelli, qui ne connaissait pas Polanco, un des affidés de la secte, fit remettre à son adresse la lettre qu'on lui envoyait. Il supposa seulement plus tard que, sans le savoir et sans le vouloir, il avait transmis lui-même un des messages secrets d'Urbina.

Nier l'entente des conjurés et la participation de la franc-maçonnerie à l'assassinat que l'on préparait, ce serait nier l'évidence, car, tout en conspirant dans l'ombre, les conjurés avaient trop de confidents.

Le secret, confié à trop de personnes, était devenu à l'Equateur et même en Europe le secret de tout le monde.

Déjà en 1869, lors de l'attentat de Manuel Cornejo, un jeune homme de Berlin, avant de partir pour l'Equateur, alla faire ses adieux à un de ses professeurs, savant distingué et franc-maçon connu.

Le professeur voulut le détourner de ce départ en lui prédisant qu'à son arrivée dans la République du Sud, le président qui le faisait venir ne serait plus au pouvoir. On sait que l'entreprise avorta, mais elle n'en était pas moins prévue.

En 1873, les journaux du Pérou, voulant stimuler le zèle des timides, supposaient le drame
accompli afin d'y préparer les masses. Ils annonçaient qu'une tragédie sanglante venait d'effrayer
Quito, et que le président était tombé mortellement
atteint sous les coups de poignard du colonel Sa-
lazar, son aide de camp.

Au mois de mars 1875, un journal espagnol
imprimé à Bruxelles, au courant des agissements
de la loge, disait prophétiquement en parlant de
la république de l'Equateur : « Il se trame là
une révolution qui laissera dans le pays, le jour
où elle éclatera, de mémorables traces. »

Garcia Moreno, le plus intéressé à cette lutte
qui menaçait sa vie à chaque heure, savait tout
et ne perdait pas pour cela sa résignation, son
calme surhumain. Aux menaces des méchants,
aux craintes exprimées par ses amis, il répliquait
invariablement : « Que désire un voyageur, sinon arriver au terme du voyage? Mon sort est
entre les mains de Dieu. Il me tirera de ce monde
quand et comme il le voudra ! »

Et ce n'était pas l'illusion de la vie, mais la
pensée constante de la mort qui le faisait parler
ainsi.

Son ami intime, Jean Aguirre, était parti pour l'Europe. Lorsqu'il vint lui faire ses adieux, il se montra plus tendre, plus expansif que jamais : « Nous ne nous reverrons plus, lui disait-il, je le sens, c'est notre dernier adieu ! »

Et le 4 août, il lui écrivait :

« Mon cher ami, je vais être assassiné. Je suis heureux de mourir pour la foi. Nous nous reverrons au ciel. »

Le 10 août est à l'Equateur un jour de fête nationale. C'est l'anniversaire de l'indépendance du pays.

Le président se proposait de faire ce jour-là une promenade à cheval avec son petit Gabriel, et, pour faire plaisir à l'enfant, il alla avec lui quelques jours auparavant chez un corroyeur nommé Rayo, commander une selle pour le poney du petit garçon.

Rayo, originaire de la Nouvelle-Grenade, jeune homme intelligent mais caractère mal équilibré, avait joui un moment de la confiance du président.

Il avait même exercé auprès des Indiens du Napo une mission importante, et, à la suite de certaines malversations, Garcia Moreno l'avait destitué. Il avait dû devenir simple sellier afin de gagner sa vie.

Quelques personnes bien informées avaient voulu mettre le président en défiance contre cet homme. Mais Garcia Moreno croyait difficilement au vice de l'hypocrisie. Ce caractère si droit, si loyal, jugeait les autres d'après lui-même.

« J'ai vu, disait-il à une personne qu'il trouvait trop défiante, j'ai vu le sellier Rayo communier un de ces jours. Un chrétien qui communie n'est pas un assassin. C'est une infâme calomnie. »

Néanmoins, tout en ne soupçonnant individuellement personne, Garcia Moreno se préparait secrètement à paraître devant Dieu.

Sa meilleure préparation était d'ailleurs la sainteté, la pureté de sa vie de chaque jour.

Dans son règlement on avait lu ces paroles :

« Je me confesserai exactement tous les huit jours. »

Cette pratique, gardée avec soin, maintenait son âme dans les bonnes dispositions requises pour le moment redoutable. Le président de l'Équateur était ce serviteur sage et fidèle que le maître de la vie et de la mort devait trouver, veillant.

Le 5 août, le président, qui voulait lire le lendema.n un message au Congrès, s'enferma chez lui pour composer ce travail, en donnant ordre de ne laisser entrer personne dans son cabinet.

Peu après, un prêtre se présente et demande à parler à Garcia Moreno. On lui objecte la consigne. Il insiste pour être introduit.

Vaincu par cette insistance, l'aide de camp l'amène au président.

« Monsieur le président, dit le messager avec tristesse, vous savez que votre vie est menacée. Mais ce que vous ne savez pas, c'est l'heure et le moment de l'exécution de ce projet. Les conjurés ont résolu de vous assassiner dans le plus bref délai. Demain, peut-être, s'ils en trouvent l'occasion. Je vous en conjure, prenez vos mesures en conséquence.

— J'ai déjà reçu bien des avertissements de ce genre, répliqua le président. Il n'y a qu'une mesure à prendre, monsieur l'abbé, c'est de me préparer à paraître devant Dieu.

Le prêtre se retira ému et édifié, et Garcia Moreno continua à écrire son message au Congrès.

Le lendemain, 6 août 1875, c'était la fête de la Transfiguration de Notre-Seigneur et le premier vendredi du mois.

Ce jour-là est spécialement dédié au Sacré-Cœur de Jésus, et les fidèles attachés à cette dévotion s'approchent volontiers de la Sainte-Table. Le Saint-Sacrement était exposé solennellement dans la cathédrale qui forme avec le palais du gouvernement un des angles de la *Plaza Mayor* de la ville de Quito.

Garcia Moreno qui avait passé, après la composition de son message au Congrès, une partie de la nuit en prières, se dirigea de bonne heure vers la petite église de Saint-Dominique où il communia avec un grand nombre d'autres fidèles. Il prolongea ce matin-là ses prières jusque vers huit heures et rentra chez lui pour relire ce travail qu'il comptait dans la journée communiquer à ses ministres.

Vers une heure, il se dirigea vers le palais et entra un instant chez son parent Ignacio de Alcazar.

Les bruits d'un projet d'assassinat s'étaient répandus rapidement. Des groupes d'individus à mine suspecte s'arrêtaient sur la *Plaza Mayor*

en ayant l'air d'attendre quelqu'un et de se concerter en attendant. Il y avait des menaces dans
l'air. La chaleur était accablante. L'inquiétude
oppressait tout le monde et Ignacio de Alcazar
ne put s'empêcher de dire à son ami : « Vos ennemis observent tous vos pas. Vous ne devriez
pas sortir. »

— Il n'arrivera jamais que ce que Dieu permettra, répondit Moreno. Je suis pour tout entre
ses mains. »

Ignacio offrit à son parent une boisson rafraîchissante, qu'il accepta. Cette boisson le mit
aussitôt en transpiration, ce qui obligea Moreno
à boutonner étroitement sa redingote. Circonstance insignifiante, qui devait le livrer sans
défense entre les mains de ses bourreaux.

Pallarès, son aide de camp, l'accompagnait.

Moreno quitta la famille de Alcazar, arriva sur
la *Plaza Mayor* et voulut, avant d'entrer au
palais, pénétrer dans la cathédrale afin d'adorer, avant la séance du Congrès, le Saint-
Sacrement exposé. Dans cette adoration muette,
le pieux président s'oubliait.

Les conjurés, parmi lesquels se trouvait le
sellier Rayo, commençaient à s'impatienter. Ils

craignaient de manquer leur coup. Le misérable Rayo envoya dire au président qu'une affaire pressante l'appelait au palais.

Immédiatement, Garcia Moreno se leva et sortit de l'église. Il gravit les marches du péristyle, fait cinq ou six pas vers la porte d'entrée et se retourne vivement en se sentant frapper à l'épaule d'un coup de coutelas.

« Vil assassin ! » fit-il en reconnaissant Rayo et en faisant des efforts inutiles pour prendre, dans sa redingote fermée, une arme pour se défendre.

Mais le fanatique Rayo ne lui en laissa pas le temps. Une large blessure à la tête venait d'être faite au président, tandis que les autres conjurés déchargeaient sur lui leurs révolvers à bout portant.

Un jeune homme, qui se trouvait par hasard sur la plate-forme, voulut saisir le bras de Rayo. Blessé, il dut lâcher prise. Le misérable Rayo, voyant que le président, percé de balles, faisait quelques pas vers la porte, se précipite sur lui, et, d'un coup de coutelas, lui taillade le bras gauche et lui coupe la main droite, qui fut presque détachée du tronc.

Moreno s'appuya contre la balustrade et

tomba sur la place, d'une hauteur de quatre à cinq mètres. Il était sans mouvement. Le féroce Rayo redescend l'escalier, et, lui labourant la tête de coups de coutelas : « Meurs, bourreau de la liberté ! » criait-il comme un forcené.

Le président fit un effort suprême ; ses lèvres s'entr'ouvrirent, et il murmura, dans un dernier élan de foi, d'espérance et d'amour : « Dieu ne meurt pas ! *Dios no muere !* »

Cependant, dans l'effarement d'un pareil moment, un rassemblement s'était formé sur la place. L'aide de camp, Pallarès, avait couru à la caserne pour chercher du renfort. Les meurtriers s'étaient enfuis en criant : « Le tyran est mort ! » Rayo, qu'une balle destinée au président avait blessé à la jambe, ne pouvait, comme les autres, chercher le salut dans la fuite. Les soldats le saisissent. Troublé, ahuri, le misérable criait : « Que me voulez-vous ?... Je n'ai rien fait... rien... rien... »

Un soldat, exaspéré, fit écarter la foule en disant : « Comment pouvez-vous supporter devant vos yeux un tel monstre ? » La foule se recula avec horreur, et le soldat déchargea son fusil sur le meurtrier, qui tomba raide mort. On traîna son cadavre jusqu'au cimetière, et on trouva dans ses vêtements une somme considérable qui prouvait que son crime lui avait été largement payé.

Pendant ce temps, Garcia Moreno, sans mouvement et sans voix, respirait encore. Il avait été transporté dans la cathédrale, au pied de la statue de Notre-Dame des Sept-Douleurs. Dieu, dans cette catastrophe sanglante et précipitée, ménageait à son fidèle serviteur tous les secours de la religion. Un prêtre lui administra le sacrement de l'extrême-onction. Son regard seul indiquait les sentiments de contrition, de foi et d'amour de Dieu qui remplissaient son âme. Après un quart d'heure d'agonie, l'héroïque président, martyr de la bonne cause, était jugé par le Dieu qu'il avait si bien servi.

Sur la dernière page d'un agenda que Garcia Moreno portait toujours sur lui, on trouva ces trois lignes, tracées le jour même, au crayon : « Mon Seigneur Jésus-Christ! donnez-moi l'amour et l'humilité, et faites-moi connaître ce que je dois faire aujourd'hui pour votre service! »

Ce jour-là, Dieu avait voulu son sang. Et il le lui avait généreusement donné!

XIX

UNE RÉPUBLIQUE MAL GOUVERNÉE

LA nouvelle de l'assassinat du président de la République se répandit comme une traînée de poudre.

Le premier moment fut donné d'abord à la stupeur; le second, aux regrets et à l'indignation. Bientôt, on n'entendit plus qu'un cri d'un bout de l'Equateur à l'autre : « Nous avons perdu notre père, notre protecteur et notre ami. »

Le vice-président Léon, homme d'honneur et ami de Garcia Moreno, ne se sentait pas la force de recueillir l'héritage de l'éminent homme d'Etat. Il fit prendre immédiatement les mesures capables de maintenir l'ordre public, et annonça l'élection d'un nouveau président, dans le plus bref délai. « Quant à moi, disait-il dans sa proclamation, ministre, ami et compagnon de Garcia Moreno, je n'ai plus qu'un désir : c'est de pleurer en paix, au sein de ma famille, l'homme le plus pur et le plus vertueux que j'aie jamais connu. »

On avait trouvé sur la poitrine du président, troué de balles et teint de son sang, le message composé la veille, qu'il se disposait à lire au Congrès.

Ce compte rendu sommaire de l'état de la République, devenu, par le fait de l'assassinat, un testament sacré, fut lu par le ministre de l'intérieur et écouté dans un religieux silence.

Garcia Moreno y passait en revue les différents actes de son administration; il rendait grâce à Dieu des succès obtenus; il demandait humblement pardon des fautes qui avaient pu lui échapper, et il remerciait, avec l'émotion d'un funèbre pressentiment, ceux qui l'avaient aidé dans cette tâche ingrate et difficile du gouvernement, que le poignard des assassins ne lui permettait pas d'achever.

Rayo, le principal coupable, était tombé sous la balle vengeresse d'un soldat indigné. Les autres meurtriers furent, l'un après l'autre, jugés et condamnés.

Ils se nommaient Campuzano, Cornejo et Polanco. Ce dernier était l'avocat auquel Mgr Vanutelli avait envoyé le messager d'Urbino. Il fut immédiatement incarcéré avec Campuzano.

Quant à Cornejo, jeune homme de bonne famille, qui avait toujours témoigné le plus grand dévouement au président pour mieux cacher sa trahison, il avait réussi à s'échapper. Les parents, inconsolables du crime de leur fils, avaient pris la fuite. Le coupable, suivi d'un domestique fidèle, errait dans les bois.

Quelques jours après le meurtre, le serviteur revint, la nuit, dans la maison inhabitée de ses maîtres, pour chercher quelques objets nécessaires à Cornejo. Un voisin, surpris de voir de la lumière dans un appartement qu'il croyait vide, guetta la sortie de l'inconnu et alla le dénoncer au poste le plus voisin.

Le domestique, arrêté et menacé d'être fusillé sur l'heure, fut obligé de conduire une escouade de soldats dans la hutte de bois où s'était réfugié son maître.

Mais le jeune Cornejo, averti par un Indien, avait quitté la hutte et s'était sauvé dans la forêt.

A cette nouvelle, le peuple ameuté, voulant à tout prix se saisir du meurtrier, vint dans le bois et mit le feu aux arbres, pour obliger le fugitif à se rendre ou à périr.

Cornejo, blotti dans le creux d'un arbre, échappait à tous les regards. Déjà la foule s'éloignait, désespérant de sa capture, lorsqu'un soldat demeuré en arrière vit une tête humaine émerger d'un vieux tronc dénudé. C'était Cornejo qui se soulevait pour reprendre haleine.

Le soldat donna l'alarme ; la foule accourut, et le meurtrier, que la troupe protégeait avec peine contre les fureurs de la foule, fut enfermé dans les prisons de Quito.

Traduit devant un conseil de guerre et condamné à mort, il fit des aveux complets. Repentant de son crime, le malheureux jeune homme accepta sa peine comme une juste expiation de l'odieux assassinat auquel il avait participé.

Palanco, l'âme et le chef du complot, s'était ménagé des circonstances atténuantes ; il en fut quitte pour dix ans de prison. Encore s'échappat-il deux ans plus tard, profitant des troubles qui suivirent la mort de l'homme de génie qui avait su tenir seul en laisse la révolution, et l'avait empêchée de devenir la maîtresse de la République.

Car Garcia Moreno l'avait dit dans une vue presque prophétique : « Après ma mort, l'Equateur tombera de nouveau entre les mains de la révolution qui la gouvernera despotiquement ; mais le Cœur de Jésus, à qui j'ai consacré ma patrie, l'en arrachera pour la faire vivre, libre et honorée, sous la garde des grands principes du catholicisme. »

En effet, lorsqu'il s'agit de nommer le successeur du président assassiné, l'entente entre les conservateurs ne fut pas maintenue. Aucun ne se sentait le courage et le talent nécessaires pour remplacer l'éminent homme d'Etat.

Par une tactique qui n'est pas nouvelle et qui n'a jamais réussi, on voulut flatter le radicalisme en choisissant comme candidat un conservateur, adversaire de Moreno, qui n'était pas taillé pour faire grand' peur aux révolutionnaires. Les radicaux ne virent que le profit à tirer de la combinaison. Ils élurent avec enthousiasme, de concert avec les amis de l'ordre, le fameux catholique Borrero, qui avait si piteusement échoué du vivant de Garcia Moreno.

Borrero put se croire un moment plus populaire que son défunt rival. Il obtint trente-huit mille voix, car les électeurs de tous les partis, déconcertés par ce désarroi général, se rallièrent au nom de Borrero, par crainte de voir au pouvoir une des créatures d'Urbina. De deux maux ils crurent choisir le moindre. D'ailleurs, il fallait aux conservateurs cette dernière expérience pour comprendre une fois pour toutes où conduisent la faiblesse et les compromis.

En moins d'une année, Borrero avait témoigné assez de complaisance aux radicaux pour leur permettre de tout oser. Ils lui demandèrent de mettre à la tête des troupes de Guayaquil un ami d'Urbina, le général Vintimilla.

Cet homme que Borrero connaissait trop bien, puisqu'il devait écrire de lui plus tard : « Ignorant et stupide, ivrogne et joueur, Vintimilla a une science politique qui consiste à distinguer le rhum du cognac » ; cet homme était destiné à remplacer le faible Borrero qui eut la lâcheté et la sottise de mettre ce traître à la tête de l'armée, toujours un peu remuante, de Guayaquil.

Voulant surprendre le pauvre président, le rusé Vintimilla lui demanda des troupes de renfort et des armes, à l'occasion de la fête de l'Indépendance, qui lui faisait redouter, disait-il, quelques troubles dans la plaine.

Le naïf Borrero, malgré les avertissements des conservateurs, donna dans le panneau. Il crut Vintimilla, lui envoya des troupes de Quito à l'aide desquelles, quelques jours plus tard, celui-ci écrasait la petite armée du gouvernement et se faisait proclamer chef de la République. Borrero avait servi de pont aux révolutionnaires pour se rendre maîtres de la place et, ainsi que l'avait prédit Moreno, un régime radical allait détruire de fond en comble ce que le héros de l'Equateur avait eu tant de peine à édifier.

Cette œuvre de démolition dura six années et Vintimilla fit la chose en conscience. Une ère de persécution s'ouvrait pour ce malheureux pays.

La manière d'agir des démolisseurs est la même sous toutes les latitudes. On commença par laïciser les écoles en renvoyant les prêtres, les religieux, les religieuses, et en proscrivant de l'école le catéchisme et l'histoire sainte.

Monseigneur Checa, archevêque de Quito, protesta énergiquement. C'était une victime toute désignée à la haine des sectaires.

Le 30 mars 1877, le jour du Vendredi-Saint, l'archevêque monta à l'autel pour célébrer l'office du jour. Après la communion, il prit le vin des ablutions et tomba en proie à d'affreuses convulsions. Il ne put que s'écrier : « Je suis empoisonné. » On l'emporta chez lui, où il expira une heure après. De misérables assassins avaient mélangé douze grammes de strychnine au vin du sacrifice.

Le clergé pleura son archevêque et continua la lutte. Vintimilla supprima les traitements ecclésiastiques, voulant au moins affamer ceux qu'il ne pouvait vaincre. Puis, il fit une nouvelle constitution et, maître absolu du pays, il ne songea plus qu'à jouir de sa position en vidant les caisses de l'Etat, que la sage administration de Garcia Moreno avait remplies.

L'opération n'est jamais ni longue ni difficile, et les six années de dictature de Vintimilla y suffirent amplement. Les travaux d'utilité publique furent mis de côté, faute d'argent. On ne trouva plus même de quoi entretenir la fameuse route de Quito à Guayaquil, construite avec tant de peine par Garcia Moreno. Mais, en revanche, les amis et connaissances d'Urbina et de Vintimilla s'enrichissaient à vue d'œil et se faisaient payer des indemnités pour les « dommages subis sour le règne du « tyran ». Vintimilla demandait à la nation cinq mille piastres pour son uniforme et les harnais de ses chevaux; neuf mille pour trois banquets officiels et vingt mille pour sa liste civile. Le ministre des finances n'osait plus rendre compte des recettes et des dépenses. C'était le pillage organisé du haut en bas de l'échelle où perchaient les fonctionnaires. Enfin, après six ans de ce régime, les caisses publiques étaient vides, le commerce nul, le crédit absent, les écoles fermées, le désordre partout et la sécurité nulle part.

Le peuple trop patient se lassa enfin d'une administration qui ne produisait que des ruines. Dans les derniers mois de l'année 1882, plusieurs provinces tentèrent de secouer le joug. Ces escarmouches se terminèrent par une belle et bonne contre-révolution qui affranchit le pays du joug de Vintimilla. Par la force des armes, les conservateurs, unis aux libéraux honnêtes et

modérés qui jugeaient l'expérience assez longue
et assez coûteuse, reprirent le pouvoir en appe-
lant de tous leurs vœux la régénération d'une
république si mal gouvernée.

Un service funèbre solennel eut lieu dans la cathédrale... (Page 294.)

XX

« DIOS NO MUERE »

E mot favori que Garcia Moreno avait prononcé en mourant : *Dios no muere,* indiquait aux nouveaux gouvernants la marche à suivre pour opérer la régénération d'un peuple que tant d'épreuves avaient mûri. L'abandon de la politique chrétienne d'un chef disparu et vénéré entre tous avait amené la ruine morale et matérielle de la nation équatorienne. Où devait-elle chercher désormais la vie et la sécurité, sinon en se réfugiant définitivement entre les bras du *Dieu qui ne meurt pas ?*

Le président Don José Caamano le comprit tout d'abord.

Le peuple du Sacré-Cœur, dans la personne d'un gouvernement incapable et hostile à l'Eglise,

avait depuis huit ans failli à sa mission. Le nouveau pouvoir voulut par un acte de foi public et
éclatant réparer les fautes passées et redevenir
aux yeux de tous la République chrétienne
que le Seigneur avait jadis si manifestement
bénie.

C'est dans ce but que le Congrès, rassemblé
en 1884, vota l'érection d'un temple national
dédié au Sacré-Cœur de Jésus. L'œuvre de
Garcia Moreno avait cependant porté ses fruits,
car, malgré quelques rares opposants, plus des
trois quarts de l'assemblée donna sa voix à ce
projet digne d'un peuple catholique.

Entraînés par l'éloquence du docteur Mato-
velle, les députés au Congrès ne pouvaient
qu'applaudir à ces paroles de l'orateur chrétien.

« Messieurs, s'écria-t-il dans un noble enthousiasme, le grand crime de nos jours, c'est la
lâche apostasie de toutes les nations de la terre.
Tous les gouvernements, en tant que gouvernements, ont cessé de reconnaître les droits so-
ciaux de Jésus-Christ et de son Eglise. Sans
doute, ils ne vont pas jusqu'à blasphémer son
saint nom, mais ils nient pratiquement sa royauté

et protestent qu'elle n'existe pas pour eux. Eh bien ! Que prétendons-nous faire en élevant ce temple national ? Nous voulons proclamer hautement à la face du monde entier que l'Equateur reconnaît Notre-Seigneur Jésus-Christ pour son Dieu et pour son roi, et qu'il lui reconnaît à lui-même, comme au Roi des Rois et au Seigneur des Seigneurs, une souveraineté sociale sur toutes les nations de la terre. »

Lorsqu'une nation affirme ainsi sa foi, elle ne saurait périr. Elle participe à l'immortalité de Celui dont elle proclame la souveraineté.

Deux fois, dans ce dix-neuvième siècle qui affiche si ouvertement son incrédulité, le monde aura donné ce grand spectacle d'un peuple de l'ancien et du nouveau continent, qui met en Dieu seul son espérance et son salut. En 1871, la France avait ouvert la voie. L'Assemblée nationale offrait spontanément le terrain pour la construction d'un temple expiatoire en l'honneur du Sacré-Cœur, sur les hauteurs de Montmartre. Pour cette nation aussi, fille aînée de l'Eglise, comme pour la république du Sacré-Cœur, malgré ses faiblesses et ses misères, l'heure de la régénération sonnera, car il y a en elle un principe de vie. *Dios no muere.*

Après avoir réparé les outrages faits à la Majesté divine, il restait à l'Equateur un autre devoir à remplir : celui de réparer les injures faites à la mémoire du grand citoyen qui avait versé son sang pour le salut de son pays.

Le dixième anniversaire de l'assassinat de Garcia Moreno, le 6 août 1885, fut un jour de deuil national. Dès le matin, un drapeau noir flottait sur presque toutes les maisons de la ville de Quito. Un service funèbre solennel eut lieu dans la cathédrale, auquel assistèrent tous les évêques de l'Equateur réunis dans la capitale pour un concile provincial et tous les hauts dignitaires de l'Etat. Gabriel Moreno, le fils du regretté président, alors âgé de quinze ans, conduisait pour la première fois le deuil de celui que tous les cœurs proclamaient en ce jour le vrai libérateur de la patrie. Le Père Proano, de la Compagnie de Jésus, prononça l'éloge funèbre au milieu des larmes de l'assistance. Les événements des dernières années avaient appris à tout le monde que le vide fait par l'absent n'était pas encore comblé.

Enfin, une dernière fois et tout récemment, le peuple équatorien donna à l'Europe une preuve de plus de son attachement à l'Eglise et au Saint-Père, double amour que Garcia Moreno avait légué à ses concitoyens.

Le 31 décembre 1887, le jour du Jubilé sacerdotal de Sa Sainteté Léon XIII, une députation envoyée par le petit peuple des Andes arrivait à Rome. Elle était chargée de répéter au pied du trône pontifical les protestations de fidélité, d'amour et de dévouement à l'Eglise que la nation équatorienne avait apprises à l'école de son immortel président.

En même temps, elle offrait au Saint-Père, comme part de contribution à l'honoraire de sa messe jubilaire, une somme de cinquante mille francs et un splendide reliquaire pourvu d'une relique insigne du *Lis de Quito*, la bienheureuse Marianne de Jésus.

Ce reliquaire, en argent massif, était une réduction de la future basilique du Sacré-Cœur, ornée des armes et des insignes de la petite nation catholique.

La statue de la République y tient d'une main la bannière surmontée de la croix ; de l'autre, les armes de Léon XIII. Le grand soleil équatorial darde ses rayons sur les cimes des Cordillères et éclaire un condor aux ailes déployées qui porte dans ses serres le blason de la République. Sur le socle, Notre-Seigneur Jésus-Christ, les bras étendus, accueille ceux qui se consacrent à lui : d'un côté, Garcia Moreno qui représente l'Etat ; de l'autre, l'archevêque de Quito qui personnifie l'Eglise ; l'un et l'autre unis dans une pensée commune de foi, d'espérance et d'amour.

Quelques jours plus tard, le Saint-Père recevait en audience privée un des députés équatoriens, M. Antonio Florès, le fils de l'illustre général, qui fut dans le cours de l'année suivante appelé au poste de président de la République de l'Equateur, poste qu'il occupe en ce moment. Le jeune député présentait au Pape, dans un précieux coffret en cristal de roche, le message troué de balles et taché de sang, trouvé sur la poitrine de Garcia Moreno le jour même du crime.

Léon XIII, touché à la vue de cette relique, remercia avec émotion l'ambassadeur, en lui disant qu'il conserverait précieusement ce souvenir d'un homme dont on peut dire avec certi-

tude : *Il est tombé pour l'Église sous le glaive
des impies.*

Léon XIII se rencontrait avec Pie IX dans
une pensée commune pour louer le héros chrétien ; car le voyageur qui visite les établissements publics de la ville de Rome peut admirer
au collège *Pio-Latino-Americano* une statue représentant *Garcia-le-Grand*, en costume militaire, debout sur son piédestal. Les quatre faces
du monument redisent aux générations à venir
les vertus qui feront l'impérissable gloire du
héros :

> Au gardien fidèle de la religion,
> Au zélé promoteur des sciences,
> Au serviteur dévoué du Saint-Siège,
> Au justicier, vengeur des crimes (1).

Puis, au-dessous, cette inscription taillée dans
le marbre :

> Gabriel Garcia Moreno,
> Président de la République de l'Équateur,
> Traîtreusement assassiné par la main des impies
> Le 6 août 1875.
> Les hommes de bien, dans le monde entier,
> Ont célébré ses héroïques vertus,

---

(1)   Religionis integerrimus custos,
        Auctor studiorum optimorum,
        Obsequentissimus in Christi sedem,
        Justitiæ cultor, sederunt vendex.

Sa glorieuse mort pour la foi,
Et pleuré le crime qui l'a ravi au monde.
Le Souverain Pontife Pie IX
Par sa magnificence
Et les dons d'un grand nombre de catholiques,
Éleva ce monument
Au brave défenseur
De l'Église et de la société (1).

Nous fermerons le livre sur cette parole. Quand l'éloge part de si haut, ce serait l'amoindrir que d'essayer de le commenter.

---

(1) Gabriel Garcia Moreno
Summus Republicæ Quitensis
In America Præses
Impia manu
Per proditionem interremptus
Nonis Aug. a. MDCCCLXXV
Cujus virtutem
Et gloriosæ mortis causam
Admiratione et laudibus
Dari casus atrocitatem
Boni omnes consecuti sunt.
Pius IX Pont. Max.
Pecunia sua
Et plurim. cathol. collatione
Egregie
De Ecclesia et Republica merito.

TABLE DES GRAVURES

TABLE DES MATIÈRES